一个或所有问题
一份哲学草稿（修订本）
ONE OR ALL PROBLEMS

赵汀阳
ZHAO TINGYANG

生活·讀書·新知 三联书店

Copyright © 2023 by SDX Joint Publishing Company.
All Rights Reserved.
本作品版权由生活・读书・新知三联书店所有。
未经许可，不得翻印。

图书在版编目（CIP）数据

一个或所有问题：一份哲学草稿（修订本）／赵汀阳著．—北京：生活・读书・新知三联书店，2023.4　（2024.11 重印）
（赵汀阳集）
ISBN 978 – 7 – 108 – 07589 – 5

Ⅰ．①一…　Ⅱ．①赵…　Ⅲ．①形而上学－研究　Ⅳ．① B081.1

中国版本图书馆 CIP 数据核字（2022）第 233666 号

责任编辑　冯金红
装帧设计　一千遍
责任校对　曹秋月
责任印制　董　欢
出版发行　生活・讀書・新知 三联书店
　　　　　（北京市东城区美术馆东街 22 号 100010）
网　　址　www.sdxjpc.com
经　　销　新华书店
印　　刷　北京隆昌伟业印刷有限公司
版　　次　2023 年 4 月北京第 1 版
　　　　　2024 年 11 月北京第 2 次印刷
开　　本　880 毫米 × 1092 毫米　1/32　印张 6.625
字　　数　121 千字
印　　数　6,001 – 9,000 册
定　　价　69.00 元
（印装查询：01064002715；邮购查询：01084010542）

目 录

修订版前言　一本作为草稿的书　1

引论　问题的问题就变成哲学问题　1

　一　入手问题　17

　二　认识者视域　26

　三　知识和信仰的循环　32

　四　知识论的最后努力　38

　五　反思性和未成性　45

　六　创造者的视域　53

　七　事物与事实　70

　八　最大的与最重要的　75

　九　名词思维与动词思维　83

　十　哲学语法和动词逻辑　97

十一　人类的先定不和谐　107

十二　元性质　116

十三　无立场　*124*

十四　反客为主的创造物　*127*

十五　历史性和未来性　*143*

十六　还原论、整体论和循环论　*158*

十七　自反性与自明性　*174*

十八　小写的创造者　*189*

十九　结尾是没有答案的问题　*200*

修订版前言

一本作为草稿的书

本书写于1996年，出版于1998年，是20多年前的旧作。在90年代中后期，我似乎找到了讨论哲学的另一个维度或问题线索。那些问题的提出有着青年的莽撞粗鲁，论述方式更加莽撞粗鲁，泥沙俱下地包含了不少似是而非的表述，但在探路中发现的主要问题却是有意义的，蕴含了我在形而上学研究上的原始思路。出版之后不久，我就已经意识到了这本书的野蛮状态，显然需要修正。此次修改，要感谢三联书店的冯金红女士，她认为一个去伪存真的修改版是有意义的，因此我对这本旧书做了狠狠的修正。

原作的论证尽管野蛮粗糙，但其主要论题一直有效而且依然是新问题。书中也讨论了一些今天哲学已经很少涉及的非常老的问题，虽然今天的哲学不再讨论那些观念，但那些观念其实老而不废，已经变成决不退场的思想定式，这是更顽固的在场，比时尚观念更具当代性。

本书的核心观点一直延续在我后来的形而上学研究中，包括《第一哲学的支点》以及若干论文。这本书实质上是草稿，严格说来，哲学思想始终只能是草稿，否则就会像数学或科学那样能够获得某些真正的进展了。似乎也不能说，哲学一直都没有进展，毕竟两千年来发展了许多理论，但奇怪的是，哲学的进展似乎是在"原地进步"，似乎进步了，但仍然在原地。这算是对哲学的"草稿性"的一个辩护。维特根斯坦在他的草稿《字条集》里提出过一个充满疑惑的反思性问题：如果哲学至今没有取得什么真正的进展而只是在不断思考，算不算是一种进展？他解释说，就像一直没有找到真正有效的止痒药，于是我们就只好一直挠痒，挠了又挠，那么挠痒算是一种有效的疗法吗？

我的学生孙飞看过此书旧版，他告诉我其中有不少章节是相当的"激进"。这是客气的说法，我想他的真实意思是指书里有许多胡说，确实如此。孙飞的批评很重要，他比我写作此书时的年龄要小上几岁，相当于一个年轻人读了另一个年轻人的书，并且穿越地给出了一种"同时代"的批评。所以我大刀阔斧地删掉了50%的篇幅，或许更多些，删掉了许多胡说，还有废话，以及不清不楚或夸大其词的表述，还尽可能地删掉了祈使句——后来我的思想有所提高，认识到了祈使句在思想中没有合法性或至少是多余，无非相当于艾耶尔所说的"感叹词"，还删除了一些与特定时代语境相关而时过境迁的情感偏见。这本修改版基本上保留了原初思路，也增加了不少新认识，成为一本既旧又新的书，相当于一本自己迭代进化的书，但依然保留了草稿风格，我贪图在草稿里可以肆无忌惮地自由思想。思维如果失去原始性，即使更为"正确"，也面目可憎。

这本书的核心观念，也是我此后一直试图深化的观念，主要是创造者视域和动词哲学，这是传统哲学因文化或历史原因而错过的重要问题。很久以来，创造者和创世论的问题"法定地"归属于神学，人的思想身份被设定为认识者，而认识者的视域落在了"名词哲学"上，研究如何知道"什么是什么"。追踪名词的视力看见了静态事物，但对于动态行为就视线模糊了。名词无法说明动词，而人类行为及其创作困境都是动词造成的，名词思维不足以穿透甚至错过了人类的存在何以存在的存在论问题。人类以"创制行为"（facio；作）为自己的存在创造了秩序、观念、价值和历史，创造了人类特有的历史性和未来性存在方式，同时也制造了互相矛盾或自相矛盾的生活事实，而其中所有难题都根源于创造秩序和价值的基本方法，如果加以反思就会发现在那里存在着超出知识论的不属于神学而属于人类的"创世论"问题。

假如知识能够解释所有问题，我们就终将看到作为最终答案的所有真理，所有问题就消失了。可是事实相反，难题和困惑层出不穷，人类建构的秩序或观念都包含着知识无法解释的创造性选择。为什么和凭什么创制如此这般的秩序？合理性何在？价值或意义何在？这种问题没有知识的答案，并非因为知识不够，而是在那里没有知识可用了。反思形成了思想的自反性或自相关，思考的不再是外在事物而是思想本身，思想再无借口，必须给出自身的理由。创造即本源，因此，作为创世论的存在论，或作为存在论的创世论，更准确地说，存在论与创世论合一而成为创世存在论，就是关于本源的研究，其中试图解释人类文明如此这般存在的困惑和理由。人类作为创造者，思想对象是可能性而不是必然性，于是，可能世界从逻辑概念变成了如何为存在建立秩序的创世存在论问题。自然没有指定人类必然和必须产生如此这般的文明，历史性的文明创制并非基于必然的真理，而是基于对可能性的选择和设计，所以说，本源始于创制，或者，创制即本源，因此，把可能性创制为现实性就是一个存在论的本源问题。人类能力非常有限，不是占有必然性的绝对创造者，因此无法完全控制可能性，几乎无法避免存在论上的悲剧命运，即创造导致失控，或者，创造者反过来被创造物所支配，所以人类活在与自己创建的秩序的博弈中，所以人类的创世论不是神学，而是以自身存在为赌注的创世论，因此，人类的存在论问题与永恒完满不变的存在概念无关，始终未离"幸存"的概念。

如果存在论与创世论分属两种叙事，就无法解释人类存在方式的本源。传统形而上学讨论了万物本源，纯属概念或语言游戏，不仅查无实据，也无法说明人类创造的秩序、价值和历史。在此我相信霍金的说法，物理学才是真正的万物理论，哲学在万物理论上白费心思了。神学以创世论的叙事想象了上帝的创世，属于文学，而且也与人类的创造问题无关。只有在人类自己创造的世界以及自己制造的困境里，存在论与创世论得以合一而成为同一个问题，存在论和创世论的坐标交汇处形成了一个具有完整结构的本源叙事，所有的相关者都在场，即创造者、创造的行动和创造物同时在场，这个本源故事无所遗漏。

在这本书初版的数年后，大概是2000年前后，我忽然而必然地意识到，《周易》的《系辞》里早已提出了"作"的问题，尽管古人的问题意识不很清楚，似有似无，但不妨将其追认为关于创造者问题的最早意识。有趣的是，之前读过多遍《系辞》居然视而不见，由此想起维特根斯坦说过，人只能看懂自己想过的问题。《周易》点出了"作"的本源性，但没有发展为哲学理论，而这正是我试图做的事情。

赵汀阳

2022年7月

引　论

问题的问题就变成哲学问题

1　解题

"一个或所有问题"并不是说哲学要去思考所有问题，做不到也无必要。事实上只是某些问题需要哲学反思，而且没有最终答案。维特根斯坦提醒过，哲学问题没有答案（answer）而只有解决方式（solutions）。哲学也不可能把所有问题化归为一个问题，一切事物的总体终极解释是神学，以前哲学也这样想过，那是幻觉。"一个或所有问题"的意思是，任何一个问题总会牵动所有问题，思考某一个问题就不得不同时思考所有相关问题乃至所有问题，可这是思想力不能及的事情，但所有问题确实互相牵连、互相注解、互相建构，以至于如果孤立地思考某一个问题，切断了问题链，也就切断了意义链，就难以理解任何事情了。因此，"一个或所有问题"是悖论性的思想状态，其中隐藏着人类存在状态的秘密。

哲学曾经寻找一切存在的终极答案而未果，因而陷入形而上的迷茫（aporia）。并非任何事情加了问号就成为合理的问题，比如"什么是一切事物的终极目的"或"什么是生活的意义"或"什么是绝对的存在"或"什么是绝对价值"之类就是伪问题，都假设了在哲学之外的神学答案。加问号并不能把乌有之事变成有意义的问题，那些冒充为问题的虚构都有一个无法逾越的知识论障碍：我们其实不知道也无法知道想知道的到底是什么。假设一个未知项x，先要证明x存在，而不是对x进行研究，可又不存在证明x存在的方法。既然"三不知"——不知道x是什么，不知道x是否存在，不知道证明x的方法——就没有理由认为x是个问题并且有答案。

中世纪的神学家似乎比研究绝对存在或终极原理的哲学家有着更清楚的存在论意识，神学家们知道必须先去证明上帝的存在，否则所有神学命题都无意义，因此发明了许多叹为观止的关于上帝的存在论证明，尽管那些证明有其基本漏洞，这另当别论。有趣的是，哲学家似乎更大胆，直接宣布了未经证明的绝对存在或绝对原理，却没有一个经得起怀疑论的质疑。如果能力意味着权限（康德认为，应该的前提是能够），哲学就无权研究存在本身——那是上帝的事情，也无权研究万物之理——那是科学的事情。哲学的权限是思想本身，所以哲学不是关于事物的知识而是对思想的反思，而思想以何种方法反思自身就是思想的最大困惑。哲学通过哲学史而自我建构为一种自传式的知识，可是这种"知识"缺乏胜利感，基本的困惑还是困惑。哲学好像只在原地进步。

思想对自身的反思总是陷入"量子式"的困惑。对思想自身的反思很可能改变思想本身，在解释问题的同时就改变了问题或制造了新问题。反思是思想本身的一个变量，在反思中，与其说把握不住问题，不如说是把握不住思想，思想会在思想中跑丢了。老子有真知灼见："道可道非常道。"不过正确的解法应该是：可因循的道都不是普遍之道。[1] 这句话用来表达哲学的艰难十分贴切，思想之道正是永在创作状态中的未成之道。如果不反思，思想多半是错误；如果反思，思想就不可能完善。因此，哲学只是一个永在进行时的思想布局。

哲学常为找不到真理而烦恼。可是真理稀缺吗？事实上真理处处可见，甚至供过于求。只要给出足够的约束条件，说出一条真理并不难，比如，我在说，我在思考（笛卡尔），我举起手（摩尔），7+5=12（康德最爱），π是无理数，在欧几里得几何学里的三角形内角和等于180度，或在非欧几何里三角形内角和大于或小于180度，诸如此类的真命题无穷多。还有，所有重言式都是真命

---

[1] 这个解法与流行解法不同。分析可参见赵汀阳：《道的可能解法与合理解法》，《江海学刊》2011年第1期。更早的初步讨论见赵汀阳：《〈老子〉的解释问题》，《社会科学战线》1993年第6期。

题，但这算不上是好消息，意思是，废话都是真理（不能反过来）。总之，找到真命题不是难事，使真命题变成有意义的思想，使真命题在恰当地方发挥恰当作用，就比较难了。安排真理的思想布局却不是真理，而是思想的设计。哲学就是创造思想布局的活动，经常"从头开始"，就像一盘棋重新下，原地进步算是进步吗？

2 无智慧的状况

知识在增长而智慧却在衰退。我们在使用的知识大部分是新的，而使用的智慧多半是老的，而且未必真的理解。以不再智慧的思想去解读过去的智慧，不会有很大的收获。只有当拥有新的智慧，才能理解旧的智慧，因为一种智慧只能在另一种智慧中被理解。如果缺乏新智慧，旧智慧就会变质腐烂。曾经震动心灵的那些智慧经过长时间无智慧的解读已经磨损变质，退化为腐朽的话语习惯。呆读千遍文本，其义未必自现。知识的积累使事物越来越清楚，观点的堆积却使思想越来越糊涂，套路话语埋没了问题。老子说："为学日益，为道日损，损之又损，以至于无为。"[1]知识多多益善，而智慧却在于不断抛弃成见，最后达到无成见的纯粹思想。以老子之道为引导，哲学反思就是"无立场"地去思想，把任何

---

[1]《道德经》第48章。

立场当成反思的对象而不是信念。

无立场思维的启示不仅源于老子之道，也来自怀疑论和维特根斯坦的游戏论，这是三种只求方法而不预设任何立场的哲学。无立场就是只有方法的思想方式，而把任何立场从思想的主语位置迁移到宾语位置上变成被反思的对象，就是说，无立场拒绝把任何立场预设为不可怀疑的思想前提，而设定为没有豁免权的反思对象——这个"悬隔"结构来自怀疑论传统。[1]进而，无立场思维把每一种观点都看作思想资源，任何观点在思想布局中都是有用的，但每个观点都必须加上约束条件以免被滥用，因此，无立场的反思需要明确每种观点得以成立的限制性条件而让各种观点在思想布局的合适位置上各就各位。如果没有限制条件，任何观点都会失真或失控，只有方法是普遍有效的，任何观点都是特殊有效的。[2]显然，无立场没有反对任何观点，只是要求每种观点各就各位而各得其所。每种观点的合理性在于用法，而思想布局的合理性来自普遍有效的方法。简化地说，无立场意味着，除了方法，再无任何预设，因此达到纯粹的反思。如果立场成为思想的预设，思想就无智慧可言。

---

[1] 主要参考古希腊怀疑论，以及笛卡尔和休谟的怀疑论。
[2] 老子的道可用于任何路而不限于某条路。老子要求思维像婴儿一样无成见，不是要求无知状态，而是要求无成见的纯粹性，相当于"原初经验"（ur-experience）。

3　如果有"智慧复兴"

恢复智慧或可能是这个时代最需要的思想行动之一，但不是文艺复兴，也不是启蒙运动或儒学复兴之类设定了特定价值观的思想运动。特定价值观的价值属于特定历史，当生活世界非常欠缺某种价值观时，这种价值观的爆发能够形成巨大的思想能量，但现在的世界已经不缺少价值观了，世界已经形成了"价值观冗余"的现象，价值观的市场化、娱乐化、政治化和表演化形成价值观剧场，几乎每一种声音都带有价值观的口音，每种事物都贴上了价值观的标签。

价值观的极大丰富乃至冗余逐步导致每种价值观的"租值消散"，这个离奇现象是在第二次世界大战之后涌现的，在21世纪达到全盛，与人的所有欲望有关的所有价值观都获得了"政治正确"的表演机会，七宗罪全都得到解放，今天已经几乎想不出还有什么需要解放的欲望了（似乎只剩下毒品仍然非法，但实际上足够泛滥）。如果弗洛伊德在世，可能会感到迷惑：身体的压抑已经都可以自由释放了，为什么对心理医生的需求量却比以往更大？显然，即使每种价值观都获得政治或伦理的合法性，仍然不能减少人类的苦难、冲突和困惑，假如不是反而增加了的话。任何固化为某种主义或意识形态的价值观，即立场，都会导致无智慧状态。不难观察到，二战之后的整个世界里，伟大的哲学、艺术、文学、音乐都急剧减少，人们普遍接受的仍然是古代或古典的哲学、艺术和音乐。

恢复智慧状态需要恢复思想的本源性或初始性的状态，重启免受固结信念、意识形态或流行价值观影响的思想原初状态，即"思无邪"的状态（思无邪颇接近本雅明所说的 ur-experience），让思想得以重新发生。思想的"初始状态"并不是回到哲学史的开端（比如古希腊或先秦），那些被记述的"最早"哲学已经不是思想原初状态而是哲学发展的某个中间阶段了。所谓哲学在两千多年前"突然发生"的故事是错误史学，文明演化不会有类似耶稣"突然降临"那样的神学奇迹。思想的初始化只是模拟地回到比哲学史更早却没有被记述的思想初始状态，即早期人类开拓生活的创造性思想状态。在思无邪的初始状态里，只有问题和思想，没有立场或信仰。

4　哲学会搞错哲学吗？

在所有哲学问题中，"哲学是什么"或许会是最后才被想清楚的事情，而那个时候很可能也不需要知道哲学是什么了。哲学首先要有哲学活动，但我们一直无法确定什么是或不是哲学活动。海德格尔曾经故意吞吞吐吐地问道：有那么一种事情，称作哲学，它究竟是什么东西？这不是故弄玄虚。维特根斯坦直截了当地表达了困惑：做哲学意味着不知道该怎么走。通常，一个问题似乎应该有答案，至少可以希望有个答案，这样想很正常，但哲学不正常。假如一个问题能够有一个可以验证的答案，那么属于科学；假如一个问题有许多答案，那么属于文学；但哲学问题没有答案。比如传统哲学的两大目标都不可能有答案。

一个目标是追问存在本身（Being），但这其实不是哲学问题——不用惊讶——而是被误认为哲学的神学概念。就存在本身而言，唯一必然可信的解释就是重言式"存在即存在"，这是从"存在"这个概念唯一可以分析地即必然地获得的结论。凡是答案等于问题的重言式，都属于语言学。当然，假如有上帝，存在对于上帝就是一个存在论问题了。上帝创造存在，理当知道其中秘密，所以说这个概念属于神学。巴门尼德天才地想到这个终极概念，那个时候的思维尚未区分哲学、神学和科学，所有知识都是知识，概念都是尚未学科化的通用概念。存在本身只是一个概念，在语义学上暗示了"存在之为存在"的伪问题，之所以是伪问题，是因为推不出任何超出重言式的"秘密"。不过，如果放弃永恒不变的"存在本身"这种虚构，把存在理解为一个变量，就确实成为问题了，就是说，把"存在之为存在"替换为"存在何以存在"就成为问题了，存在（to be）就意味着"存在就是被创制为存在"（to be is to be made to be），这就生成了一个有意义的存在论问题。这意味着，当存在落实为创造某种存在的动词，才是思想的主题——这里预告了

"动词的哲学"。

传统哲学另一个宏大目标是发现万物的终极真理和终极目的。按照习惯思维，万物"应该"有开端也有终结，也就有终极秘密。可是万物意味着无穷性，人类没有认识无穷性的能力，对于人类，无穷性具有永远的超越性（transcendency），这个判断先验为真（transcendental）。相对最接近万物秘密的知识是科学，不是耽于空想的哲学。哲学不可能成为万物理论（the theory of everything），万物理论被证明是科学尤其是物理学和数学的工作，证据是，在解释万物时，科学有可操作可验证的方法，而哲学只有能说不能做的看法。如果没有方法，看法毫无价值。一个精神病人对万物也有滔滔的看法，我们未必有十足把握区分精神病人和哲学家的看法。无论唯心论、唯物论或唯我论的看法，互相矛盾或自相矛盾，都可以被说成是终极秘密，反正都没有必然证据。事实上大部分哲学话语都没有超出文学。科学作为万物理论，也似乎无法彻底认识无穷性，彭罗斯猜想再次提醒了这一点，他在纯理论上推测宇宙是循环的，可能有过无数次作为"开端"的大爆炸，以后也应该有无数次重新开端。这个近乎神话的循环论并非完全是推论的，据说宇宙中存在着大爆炸的某些可观察的"遗迹"。

上世纪的语言学转向让哲学集中地从语言反思了哲学，基本上放弃了以上两种不合理的目标。从语言哲学的观点看，哲学的错误主要是说错了话，错误的言说误导了思想。但妖怪还在，语言哲学的巨大成就却暗示着一个事与愿违的尴尬结果。假如每句话都是正确的话，即逻辑为真的句子或可验证的经验描述，那么哲学就消失了，因为所有正确的话都可以还原为逻辑或科学。因此维特根斯坦狠心地说，都会说正确的话，就不再需要哲学这个思想"梯子"了。哲学真的是多余的吗？恐怕未必。事实上，思想死活无法回避哲学，只要思想有其极限，就有哲学问题。哲学普遍存在于所有无解的思想难题里，或者说，哲学存在于全部真命题的集合之外。混乱的语言确实制造了不少伪问题，但并非所有哲学问题都来自混乱的语言，真正的哲学问题是生活硬生生直接给予的（后期维特根斯坦已经意识到这一点）。哲学的困惑不是"x是如此这般的"而是"在诸多可能性里何者更好"，或者说，哲学的关键不在于"是"（描述式）而在于"或"（或取式）。真理别无选择，价值或可选择，在真理那里，不需要哲学，只有选择的困惑才需要哲学。在"说"的背后是"做"，而"做"就是最后的问题了，也是存在的全部意义。因此，哲学最终不是反思名词，而是去反思动词。

关于一切存在的哲学理论似乎解释了一切事情，或许是深刻的，但几乎无用。持唯心论观点的科学家和持唯物论观点的科学家在科学上获得的定理是一样的，可见唯物或唯心的观点对科学定理毫无影响，是冗余因素；

"齐生死"或是一种高明的理解,但人们并不按照这种高明的思想去生活,只是用来说说;"为天地立心"是完美诗意,却无落实之法,虚大于实;"我思其所思"(ego cogito cogitatum)是意识的完美自传,却解决不了任何一个难题;"诗意的栖居"与苦难的存在相比轻如鸿毛;如此等等。这样说得罪了若干著名观点,但事实如此。许多哲学概念美虽美矣,却无灵验,与存在之间存在着无法跨越的隔阂。行动才是存在,只有在动词中展开的事情才能解释存在,名词是在存在之外关于存在的虚构故事。存在即造事(to be is to do),而造事就是选择存在的可能性,或为微不足道的日常选择,或为生死攸关的历史抉择。莎士比亚的"如此存在或不如此存在"(to be or not to be)虽是老掉牙的名言,但确实没有比之更能表达存在困境的形而上学句式。

5 另一种哲学史与哲学的另一种可能性

选择的前提是存在着复数的可能性,而可能性意味着未来性,可能世界的无穷集合意味着分叉的无数未来。逻辑和数学研究必然性,科学研究最大限度接近必然性的概率,而哲学研究可能性。如果不是因为赌博是个贬义词,似乎可以说,哲学研究人类创造秩序、价值和历史的"存在论赌博",即以存在为赌注的赌博。

哲学史描述了哲学走过的路,但不能证明走过的路等于最好或正确的路，路没有走完，而且道路多有分叉，证明属于未来。哲学史只是记录了某些哲学观点，却不能定义哲学。把哲学等于哲学史，这个看法非常错误，在逻辑上和事实上都是错误。假如这个看法是对的，历史上就不曾出现新的哲学，也就不存在哲学史了。如果要使哲学史具有"日新"的当代性，就需要反思的哲学史，即作为哲学的哲学史，而不是作为复述或注经的哲学史，只有反思才能够在历史性中赋予哲学史以当代意义。反思的哲学史意味着去研究哲学道路上每一步走法的得失，如此就必须同时把思想的其他可能性考虑在内，让哲学史在"哲学语法"的普遍语境里重新展开，问题化的哲学史就变成了哲学。类似于回顾一盘棋，不仅通过复盘来再现每一步棋的历史，更要分析每一步棋在棋理上的得失，同时思考如果重新下这盘棋是否有更好的下法。因此，反思的哲学史不限于"史实"的复盘，而需要分析其中的哲学语法和思想的各种可能性，把史实问题化。无论如何，哲学史只是哲学空间里很小的一个部分。

不妨思考一个有点唐突的问题：思想是否可以不要哲学？这里仅限于人类，我们无从推测别的思想主体比如外星人或人工智能是否需要哲学。按照节能原则，没有必要思想的事情就是不太重要而可以省略的事情。在高度发达的科学和技术以及政治或文化意识形态的挤压下，哲学的空间似乎所剩无几，所以霍金有理由说哲学死了——万物理论早已移交科学。然而科学有其局限，科学能够解释规律、因果、概率和必然性，却不能解释自由、价值、创制和可能性。思想要为所有行为负责，无哲学的思想是否能够对所有行为完全负责？这是大疑问。对行为负责的思想首先必须能够为思想自身负责，必须能够检查、解释和证明思想自身的合理性，而反思整个思想的基础并为思想本身作证的思想显然无法还原为经验知识，或者说，反思性的思想无法还原为描述性的知识。因此，问题的问题就是哲学问题，思想的思想就是哲学。

但哲学并非仅仅存在于哲学科目里，而存在于所有思想领域，每个领域都存在着该领域自身无法证明而需要哲学反思的基本假设。假如大学取消了哲学系，哲学照样存在，事实上在设立哲学"学科"之前，或在命名"哲学"之前，哲学已经存在了不知多长时间。自觉到哲学是"哲学"的古希腊哲学已经是哲学的中间阶段，不是草创阶段。哲学问题是任何生活和任何思想的基本困惑，是任何一种文明的命运赌注，任何知识或任何生活里那些无法自证的基础假设或基本信念都是哲学疑问。人类假设了真理、因果、必然性、整体、本质、自由、善恶、公平、公正、平等之类概念，这些基本假设在任何知识系统里都无法解释也无法自证，所以都是哲学问题。这意味着，哲学没有"自己的"专用空间而属于人类的所有思想空间，包括人类所有的精神世界、知识系统和制度系统。

任何人为系统，例如知识系统，对自身的秩序是层层负责的，而系统的基本假设因为"触底"而不被解释也无法自证，对其进行反思就是哲学。只要一个精神世界或知识系统或制度系统发展到需要对自身进行反思，就会形成"思想为自身负责"的哲学问题。换句话说，任意一个系统s，无论是物理学、数学还是社会科学，或者政治、法律和伦理，都有建构s所必需却又在s中无法被证明的基本假设或基本概念，这些基本假设或基本概念不是知识，而是"创制"，即使在实验或实践中不断被验证有效，仍然不能因此证明那些基础假设是最优的。因此，创制永远不可能还原为知识，对创制的反思就是哲学，几乎可以说，反思即哲学。

这里必须提到一个思想奇迹，它表明哲学未必是唯一的反思方式。数学也具有反思自身的能力，哥德尔证明了这个奇迹，这是思想史上最惊人的事件之一。与其他系统一样，一个数学系统似乎"不应该"有反思整个系统性质的能力，数学系统是生产性的（从基本概念、公理和规则推导出无数真命题）而不是反思性的，数学系统的生产能力，无论是逻辑蕴含（逻辑主义）还是能行构造（直觉主义）或者公理推导（形式主义），都不包含反思自身整体的能力。数学的反思能力是哥德尔发明出来的，是给数学的一种额外赋能。哥德尔在数学系统s之外建立了另一个与s兼容而等价的哥德尔系统G，使系统s的所有命题可以映射到系统G，有趣的是，系统G居然具有相当于语言的反思能力，就是说，系统s是一个符号系统，而系统G实质上是一个语言系统（尽管不是自然语言而是符号）。自然语言的奇妙之处就在于它是能够解释自身所有词汇和句子的符号系统，即具有充分反思自身的能力。哥德尔系统同时身兼数学和语言，因此奇迹地拥有了反思功能。哥德尔的创举可以理解为数学自身建立了一种具有语言功能的形而上学。于是可以说，人类至少拥有两种反思能力，一种是数学，另一种是哲学。

数学拥有属于自身的形而上学或存在论，这是个奇迹。巴迪欧可能会觉得对数学的这个定位还是有点低了，他相信"数学即存在论"[1]。这是一个毕达哥拉斯主义的定位，在毕达哥拉斯看来，一切存在的秘密就是数学。对不对只有上帝知道了。巴迪欧承认他把数学等同于存在论总会有异议。[2] 无论如何，数学的强势地位是无可置疑的，在今天，能够全面表达"万物"的科学不是物理学而是数学，比如弦理论只存在于数学里，彭罗斯的宇宙循环论也主要存在于数学里，这些高级理论获得经验证明的机会微乎其微，似乎说明了数学真的是全部科学的

---

[1] 巴迪欧：《存在与事件》，蓝江译，南京大学出版社，2018年版，导论，第6页。
[2] 同上书，第13页。

形而上学，毕达哥拉斯或许真有先见之明。不妨假定数学就是万物的存在论（只是假设），即使如此，人类世界显然还需要另一种存在论，人类的创造无法还原为数学，因此必定需要一种能够反思人类创造的存在论。

对思想的反思试图探明思想的限度或极限，相当于思想的自知之明。哲学只能解释人创制的事情，没有能力去解释不是人创制的事情，比如"存在本身"或万物的终极秘密，万物的秘密归数学或上帝。假设有上帝——这里的上帝只是一个理论概念，不是实证概念——那么只有上帝才有资格以一般现在时（is）去谈论"存在"，人只能讨论其他时态的事情。把神学问题当成哲学问题是思想的一个误会。凡是可思想的，必是人做主的事情。在可思想的范围内，存在即造事，存在论即创世论，两者重叠形成了人可思想的形而上学。创造者，或神或人，各自解释各自的作品。

{ 一 }

入手问题

既然一个问题总是链接到所有问题,那么,从任何问题入手来讨论哲学都是一样的,或者说,任何一种问题链都会通达所有需要讨论的问题,类似条条大路通罗马。哲学不具有逻辑或数学的那种必然性,因此是开放的,可以有许多不同的起点和道路。哲学思考的对象不是必然性,而是无穷可能性,因此永远具有未来性,无法成熟也不能成熟,无法完成也不能完成。哲学史是哲学的过去式,不是对哲学的定义,哲学也不是对哲学史的回忆,任何新入口都是对哲学史的偏离,哲学史是用来改写的,我们只能从未来性重新理解哲学史。哲学定义了哲学史,而不是相反。

哲学史是哲学的体制化,它把桀骜不驯的思想转换为历史知识。当思想失去直接性,真实世界反而被陌生化。在哲学史中不可能理解哲学史,哲学史只有去重建与现实世界的直接关系,才能重新获得意义。哲学史并不是对过去事实的记录或对失去的真相的重新发现,而必须成为哲学的一个内在部分,否则无意义,因此哲学史只有在重新当代化中获得意义。哲学史这个名称就有误导性,哲学史的意义落点不是历史,而是成为始终在场的哲学讨论的一部分。哲学史的语句不是"柏拉图如此这般讨论了知识论",而是"(柏拉图如此这般讨论知识论)对于哲学意味着什么"。哲学史的逻辑主语是共同的哲学问题,不是柏拉图、笛卡尔或康德。

哲学问题普遍存在,几乎所有的思想都会自然而然地去思考人与万物的关系,但想法可以不同。比如中国思想对万物缺乏知识论兴趣,却对万物与人的互动关系感兴趣。在互动关系中,万物不是对象,人也不是主体,两者都是共在关系中的变量,而关系才是存在论的主语,即关系决定了事物和人的函数值,相当于说"如果有关系R,那么事物t有如此这般的状态并且人h会做如此这般的事情"(存在论句式)。与之不同,希腊哲学思考的是"事物t是如此这般"(形而上学句式)或"事物t显得如此这般"(知识论句式)或"事物t显得如此这般但其本身未必如此"(怀疑论句式)。在其中,存在论主语是事物,知识论主语是人。基本假设不同,视域也不同。

在中国式的经验主义里,存在不被理解为永恒不变的绝对存在(being),而是动态的"变在"(be-coming)。无论把万物本源描述为一元(道或太极)、二维(阴阳)、四象五行还是别的什么,都是自然运作的意象,只是传达了不同层次的消息，因此不会形成一元多元、本质和现象之类的形而上学争论，也就没有产生相应的知识论，比如理念论或先验论。本质和现象在欧洲哲学里是重要的概念，但不区分本质与现象的中国哲学却不是一种错误。哲学具有无穷容量，任何视域都是可能的。中国式的经验主义倾向于相信自然给予的消息无所隐瞒，于是，需要解释的不是不可见的本质，而是消息对于人的显然意义，因此建立了携带自然消息的意象系统（易经卦象以及其他意象），而不是代表本质的抽象概念。之所以说这种经验主义是"中国式的"，是为了区别于英国经验主义。中国经验主义不是实验科学的基础，而是人文解释，只解释人可以做什么事情，却没有去研究物与物的客观因果。天可能会塌，但不是人所能选择的事情，所以不去杞人忧天，天命归天，人谋归人。这个敬天而不思天的思想格局在逻辑尺度上小于希腊-欧洲的哲学格局，这使中国失去发展科学的动力，却开拓了另一种哲学。

万物对象化是产生科学的前提，但试图解释万物的形而上学却比较可疑。在经验之外而高于经验的"绝对的"对象只是无实证的假设，只存在于概念中，是语言的产物，并非世界本身之所是。思想编造概念以便思想（德勒兹甚至认为哲学就是编造概念），但虚构的概念有许多是冗余的。以概念为本的思想是理想主义，柏拉图式的理想主义看不起不完美的经验事物。概念虽然是完美的，可是事实为什么非要服从概念？为什么需要理念呢？并没有必然理由，又为什么不变的就好过变化的？为什么必然好过偶然？也没有必然理由。其实我们根本就无从知道绝对存在或理念是否存在或是否可能，也不知道是否是好的。在三不知的情况下就相信概念高于经验，就是武断了。理念（ideas）或理想（ideal）只是主观假设，并没有一个真理说明必须用理念来解释世界。那些纯粹的、完美的、绝对的或理想的概念与生活世界是什么关系？它们又在哪里呢？我们无法先验地证明理念的先验性。

追寻理念是希腊哲学的特殊选择，这个历史选择是偶然事件，并非哲学的必然之路，更不是唯一道路。这个科学史故事说来话长，这里请允许简化分析。首先是毕达哥拉斯的数学对哲学形成巨大影响，然后是关键人物柏拉图。柏拉图虽无重要的数学成就，但据说很好地学习了毕达哥拉斯的数学，因而特别重视数学，对几何学尤为重视，以至于"柏拉图学园"的入学资格是懂得几何学。几何学非常可能是柏拉图理念论的灵感来源，他说："你不会不知道吧，他们虽以可见之形来推理，但心里想的并非那些图形，而是那些图形模拟的理想事物；并非画出来的那些形状，而是那绝对的正方形和绝对的直径……他们真正寻找的是事物本身，那是只有心灵的眼睛才能看见的。"[1] 要"示例"说明理念，最好不过几何

---

[1] Plato, *Republic*, Book Ⅵ, 510 d-e.

图形了，其他事物要么太过具体感性（比如一个人或一条狗）而表现不出理念的绝对性，要么太过抽象（比如代数公式或纯粹概念）而难以显示理念的实在性。[1]柏拉图把理念世界理解为高于经验世界的绝对存在，理由是，经验事物是变化的，会变化意味着终将消失，只有理念是不变的、永恒的和完美的，因此是存在本身而保证了世界总是存在。

接下来假如没有出现亚里士多德的逻辑和欧几里得的几何学，柏拉图主义未必能够成为西方哲学的基础。亚里士多德逻辑保证了演绎推理的必然性，欧几里得几何学说明了建构一个系统的公理法，若干定义和若干公理就可以必然演化出一个"世界"。这两个成就有着无法抗拒的思想力量，实实在在证明了必然性。如果没有这两个天才发明的作保，柏拉图主义对于怀疑论的挑战绝无胜算。就思想力度而言，怀疑论能够自证，而理念论不能自证。亚里士多德逻辑和欧几里得几何学"几乎"无懈可击，虽不能完全证明柏拉图的理念世界，但足以维持理念论的诱惑力，以至于后来发展出更有解释力的先验论。

以理想的、纯粹的或绝对的哲学概念来理解真实世

---

[1] 理念（idea; eidos）不容易翻译，就在于它既是绝对的概念又是有形存在。要找到同时兼备这两种性质的词语就很难了，常见翻译是理念，也译为"相"或"理式"。

界，在理论上很优美（所以很诱人），但会导致一些"反事实的"假设和错觉。理念世界与真实世界至少部分不兼容，尽管可以把理念世界理解为并不承担真实世界的另一个可能世界，但那样的话，价值就不大了，只相当于虚构文学，然而要证明理念的绝对性等于真理性却不容易，怀疑论证明了不存在必然认识理念的方法。追求绝对性是思想的顽固冲动，这一点容易理解，却不容易解释。尽管当代哲学早已放弃绝对主义的主张，当代人人忙不迭地声称多元论（恐怕是一种时尚），实际上只不过是把客观的绝对性化归为每个人的主观绝对性，把知识的普遍原则替换为每个人自己的绝对信念。在真理面前人人平等被替换为人人平等地拥有自己的真理。"每个人拥有思想主权"的当代意识形态实质上是一种新宗教，意味着当代哲学退出了知识时代，又回到了信念时代，重演了希腊哲学转向基督教的故事。假如人人的主体性就是一切事物的标准，尤其是价值的标准，就必须拒绝智慧，这是一步到位的宗教语法："我相信x，所以x是对的（好的）。"早期神学家就敏锐地指出，耶路撒冷和雅典没有关系，意思是信念不需要哲学。知识的解释不及信念之无所不包，"自知无知"的希腊哲学让步于"无所不知"的基督教。

在现代，借得科学的无敌力量，知识型的哲学以启蒙之名卷土重来占领了现代，启蒙哲学本来的意图是把知识、价值观和信念的标准交付普遍理性，在知识论上无漏洞，但在存在论上有漏洞：理性（reason）虽是普遍的，但行使理性却在个人，于是普遍理性就必须通过实践理性（rationality）起作用，实际上起决定作用的就是"独白式的"个人理性（哈贝马斯的批判）。假如每个人"独白"的主观性成为绝对标准，每个人的绝对性就消解了一切人的普遍性，于是，启蒙的现代性反而事与愿违地产生了后启蒙的失序状态，经常称为后现代。后现代不是反现代，也不是对前现代的挪用或回归，而是现代性的最高阶段，同时也是现代性的失败症状，更准确地说，后现代是现代性的贬值形式，就像金融泡沫的破灭是金融市场的逻辑结果。现代的主体性和理性之所以失败，根本原因在于主体性和理性的普遍概念与个人执行单位之间是不协调不一致的，每个人都可以同样的逻辑或同样的理由来主张互相矛盾的事情，假如每个人都拥有价值观的绝对主权，就必然导致价值的"租值消散"，一切都对就没有真理了，人人都有真理，就无人承认别人的真理了。启蒙哲学是产生自我挫败结果的一个典型案例，后现代就是其自我挫败的表现。启蒙哲学追求好事，却无法阻止好事变坏事，其中秘密在于，只要以个人为准，就不可能同时实现绝对性和普遍性，只要个人成为价值的绝对标准，就必定与普遍性形成矛盾，结果就是主体性的贬值。

当代的后启蒙或后现代哲学再次表演了放弃知识而选择信念的历史故事，这一次选择的不是皈依基督教，而是后启蒙的意识形态，俗称"政治正确"，主要是以平等为优先价值的意识形态，特别把平等和人权理解为无条件的绝对价值，于是人权和平等变成了新宗教。价值不是真理，顾名思义，只是一个值（value），无论什么值，都是一个函数值。只有当事物不等值才产生价值，假如一切等价，价值就消失了，绝对平等将导致所有事情的绝对贬值。同样，无条件的绝对人权蕴含着一个绝对困难：给定每个人的绝对人权，那么，每个人的绝对人权之间必定存在着绝对的互相矛盾并且无法解决，因为都不可让步。[1]可以类比地想象，假如神界存在着同样绝对的无数个神会是什么状态。

就思想语法而言，所有一步到位的价值或知识判断，即"（x是对的）就是对的"的判断形式，就是阻断智力活动的意识格式，无论是否采用宗教形态都在实质上属于宗教。今天哲学让位于意识形态，其显著标志是，在思想或精神世界里，哲学不再是基础，思想或精神世界的根基被替换为意识形态的价值观，这是人类思想史的又一次宗教化运动。任何价值观，无论是自由还是平等或别的什么，只要获得免于怀疑的思想特权而成为思想的绝对前提，哲学就退场了。

哲学需要开拓另一条没有被破坏的道路。这里设想

---

[1] 参见《预付人权理论》，《中国社会科学》2006年第4期。我相信一种合理的人权理论只能是"预付人权"，其他任何人权理论必定产生自相矛盾。

的是以动词为基础的一种哲学。没有动词就没有存在，存在要"无中生有"地生出意义，甚至存在要成为存在，就必须落实为及物的行动，成为一个及物动词，因此，存在论的所有问题都从及物动词开始。事物和世界只是及物动词的相关项，是宾语。如果动词是具有创造性的行为，即造事行为（facio；I do/I make），就具有存在论上的本源性。动词造事而创造了属于自身的宾语，使事物和世界具有秩序、价值、意义和历史，所以说，动词具有存在论上的本源性。动词的核心问题是创制，所有的创制都包含思想，一切秩序、观念、价值和历史都始于创制。就在这里出现了超越知识论的问题：创制没有必然性，其工作对象是可能性，创制就是把可能性实现为现实性。创制没有先验原理，没有唯一性，都有可替换性，复数的可能性就意味着可替换性，在此，真理和知识只是创制的参考资源和约束条件，却不是创制的意图和设计。超越了知识论的动词提出了作为创世论的存在论问题：既然创制的思想对象是可能性，不是必然性，那么，创制如何解释自身？这就是创造者的"创世论"问题，同时也是决定存在如何存在的存在论问题。创世论在过去属于上帝，属于神学，但现在属于人，属于哲学。作为文明和历史的创造者，人类的存在论身份首先是创造者。

{ 二 }

认识者视域

哲学的主要传统源于希腊哲学,其主要问题来自试图获取超常知识的超常"视觉"冲动。这个出发点指引欧洲传统主流哲学成为"认识者的哲学"。尽管哲学被区分为知识论、形而上学、伦理学等,但都以认识者视域去理解和解释事物,于是,哲学视域几乎等同于认识者视域。这种哲学视域的局限性在于缺乏创造者视域而错过了属于创造者的问题,因而无法解释人类创造的秩序、价值和历史,无法解释人类的存在论本源。

在此需要区分"创造者问题"与"创造者故事"。似乎每个文明早期都会编造一些神或神秘力量的创世故事,其中有的演化为宗教。古希腊神话里的故事太接近人间生活的逻辑,通常不被归入宗教,不过柏拉图的《蒂迈欧篇》里想象了一个与基督教创世论有几分相似的创世故事而让早期基督徒大感兴趣,尤其是故事的前几段[1],确实与基督教的精神颇为相似,但对这个巧合恐怕是想多了,只要设定造物主尽善尽美无所不能,所能想象的事情必定大同小异,要是大不相同那就怪了。无论神话或宗教发挥了何种想象力,它们讲述的都是神的创造者故事,并没有研究创造者必定遇到的智力难题。神的创世被认为是给定的事实,神创造的万物是需要被认识的对象,因此,神的创世论留下来的只是知识论问题,而创造者的思想则不成问题。

认识者视域展望的是一条真理之路,一切问题的预期终点都是真理。如果不能通达真理,思想就无价值。然而柏拉图早就发现知识论会遇到"美诺悖论":"你凭什么探索你一无所知的东西?就算你碰巧遇见了它,你又怎么能够知道,那就是你本来不知道而想知道的那种东西呢?"[2]就是说,凡是可知的就是已知的,而不知的事情即使遇到也因为不认识它而无法识别,还是等于不知道,于是知识论的处境就有些尴尬了。这个悖论虽属于诡辩,却无意中触及了知识论的根本难题:我们无法证明一种经验知识必然是真理,或者说,不存在一种方法能够证明经验知识普遍必然为真,按照现代标准,至多表明其成真概率(而且是有限数据中的概率)。普遍必然性需要覆盖无穷多可能性,人类没有能力穷尽地遍历

---

[1] Plato, *Timaeus*, 29b-31b.
[2] Plato, *Meno*, 80d.

无穷多可能性，因此，即使幸运地遇见了真理，也无法证明那就是真理。

理性的有限性是知识论的灾难，却是神学的机会。德尔图良一针见血地指出，在理性能力之外而不可理喻的事情（absurdum）既然是无法否认的事实，那就有足够的理由去相信。这个论证被概括为"不可理喻之事只能相信"[1]。这意味着，终极答案在神学那里而不属于寻找知识的哲学，或者说，终极答案必定在知识之外。知识论从来无法证明终极答案或绝对真理落在知识的可及范围内，这是个切中要害的问题。柏拉图是认识者哲学的建立者，提出了影响深远的理念论，但未能解决他自己发现的美诺悖论。知识论的难处主要不在于想认识什么，而在于有没有认识一切的方法。这个困难类似于，宝藏肯定在某个地方，可是没有办法找到它，甚至无法证明"宝藏"在我们的搜索能力之内。这必然引出"人到底能够认识什么"的反思，后来引发了比理念论更有力的先验论（以康德为代表）。但先验论也仍然不能证明

---

[1] Absurdum来自德尔图良命题"因为不可理喻所以只能相信"（credo quia absurdum est）。通常译为"因为荒谬而相信"，意思有所偏离。absurdum意思是在理性上无法理解，或超出了理性。德尔图良的问题是：上帝之子是不死的，但他确实死了，这件事情发生了，所以不可理喻，然后死人又复活了，这件事情也确实发生了，但在理性上也是不可能的。这些事情虽在理性上无法理解，但确实发生了，所以只能相信。德尔图良认为，事实胜于雄辩，既然神迹铁板钉钉，就一定有道理。至于那些神迹是不是事实，那是另一回事了。

经验知识必然为真，这个事情比较复杂，简单地说，先验论成功地证明了"在人的意识中事物总是呈现为如此这般"，但不足以证明"事物本身就是如此这般"，也不能证明"在所有可能的意识中事物都必然呈现为如此这般"，就是说，先验论证明了人的意识就是这样的，但不能证明任何意识都是这样的，因此，先验论无法满足莱布尼兹标准，即绝对真理"对于任何可能世界为真"。这似乎意味着，绝对真理超越了知识，终究留给了神学。

有真值的命题构成的解释系统就是知识，无真值的表述属于话语或广义的文学。知识中有一类是先验知识，主要是逻辑或数学（在逻辑和数学之外是否还有先验知识，是个疑问），逻辑或数学证明表达了思维形式关系的普遍必然性，确定是真理；另一类是经验知识。如果对于经验命题存在着可重复而保值的验证方法（verification），这些命题就属于科学知识，即可信的经验知识。但有一类经验命题缺乏可重复的验证方法，或其验证方法无法排除主观性而缺乏普遍性，只能指望合情合理的叙事，则属于可疑的经验知识，例如历史学、心理学以及社会科学。在知识队列里，远远看不见哲学，即便是知识可信度相对比较低的心理学也强过哲学——这不是连带嘲笑心理学，而是说心理学太难了，人心如此莫测，鬼都不知道，人更不知道，实为最复杂的问题。[1]除非在广义上使用知识的概念，否则只能说，哲学不是知识，因为不存在生产和验证"哲学知识"的方法。

认识者哲学另有更高的期许，试图发现一切存在的总体知识，或关于本质和本体的终极知识，这是超验的，因此回避了经验知识的局限性。然而，哲学并没有办法证明自身是逻辑和数学之外的另一种先验知识，所谓终极知识或总体知识的说法，除了形容词并无实际意义，相当于查无实据。在思想中，形容词的意义微乎其微。哲学在知识领域终究找不到位置。其实，与"哲学知识"最为神似的是神学想象的"全知"（omniscience），即上帝的视域。"全知"意味着能够穷尽无穷多的可能世界，决非人类所能。无穷性落在知识之外，仅此一点就证明了哲学知识是不可能的幻想。对无穷性略知大概的知识是数学，我们似乎不好意思说，数学其实就是哲学。数学家肯定不同意，哲学家恐怕也不会同意（巴迪欧或是个例外），那样的话大多数哲学家就考不上"柏拉图学园"了。以认识者视域来建立哲学是不可能的，除了没

---

[1] 我有一位心理学家朋友，是拉康的学生，在拉康的心理诊所做过数年助手，自己也开过15年心理诊所。他告诉我，心理学其实很难治好"真正的"心理疾病，除非是那种一时想不开的，但那本来就不是精神病，如果是真的精神病就难办了。即使是大师拉康，至少在我这位朋友当助手的年间，也没有见他治好过谁。精神病所以难治，因为病根在童年，根扎得太深了。他对我说过一个真知灼见：像动物那样朴实无私的母爱是一个人唯一的"精神本钱"，有这个"本钱"的人即使经历艰辛也不会有精神病，因为这个"本钱"是花不完的。

有意义增量的重言式或分析命题,哲学的"真理"都是臆想,最直接的证据是,哲学不具备认识真理的任何必然保值或可验证可共度的普遍方法,而没有方法就没有知识。无论哲学家拥有多少知识,都是别处的知识,没有一种属于哲学的独特知识。

哲学虽然不是知识,却是最重要的思想,是形成知识所需的思想设置,包括所有知识所必需的基本概念和基本假设,但这些不是知识,而是人创作出来的观念,就是说,知识基于观念的创制。某种程度上类似于,一个游戏里按照规则的玩法相当于"知识",而一个游戏的设计则是"哲学"。人类生活有两类平行重要的基本创制:(1)思想和知识的基础装备,包括语言、逻辑、分类学、方法论、知识系统的基本假设;(2)生活秩序的基础装备,包括价值观、政治制度、法律、伦理和生活规则等。所有这些创造性的设计都需要理由来证明其合理性,可是奠基性的创制并没有预先的真理,知识在此触底了,认识者视域失去了作用。认识者的哲学默认了一个错误的假设,以为知识的背后还有更基本的知识,一直到终极知识。事实上,知识链条的终端并不是知识,而是创造,这才是哲学问题之所在。

{三}

知识和信仰的循环

终极知识之不可能,无须再论。真正固执的想象是终极价值或终极目的。本来,终极知识之不可能同时就意味着终极价值或终极目的之不可能。维特根斯坦发现,终极目的或终极价值不可说,因为没有与之相应的终极知识。然而在知识不可能的地方,神学就试图取得发言权:终极目的或终极价值归于上帝。不过神学家关于上帝的"存在论证明"终究无效,引入"完满性"概念并假定完满性蕴含实在性是非法论证,等于结论先于论证。有一个"帕斯卡尔赌注"[1]另类地论证了相信上帝存在的理由:上帝或存在或不存在,如不信上帝而上帝存在,则可能受惩罚;如相信上帝而上帝不存在,则毫无损失。因此,相信上帝是更优的选择。这是最早的博弈论证之

---

[1] Blaise Pascal, *Pensées and Other Writings*, tr. Honor Levi, Oxford, 1995. pp. 153-155.

一，非常严密（帕斯卡尔是数学家），但被认为是污点论证——以商业思维来理解信仰，毫无虔诚之心，实在德行有亏。我另外发明了一个"心理学"论证：如果不相信某种存在，就不会去寻求它，可是人们确实在寻求最高的存在，这说明已经相信它——寻求的行为意味着事先相信。这个论证说明，虽然不可能证明终极目的或终极价值，但寻求终极目的和终极价值的行为说明人们需要这种解释。但这只是证明了心理需要，不能证明信仰为真。

关于信仰的任何证明其实都不重要，重要的是，信仰总是成为对知识论困境的一种脱困方法。但信仰无法限制思想，思想可以发明多种互相竞争的信仰，这是信仰处理不了的麻烦。没有一种信仰能够证明信仰的唯一性，比如无法证明神的唯一性，于是在逻辑上无法排除其他竞争性的信仰，事实上也存在着互相冲突的多种宗教。任何一种信仰都可以被怀疑，这证明信仰不可能是思想的终点。于是思想又转回知识论：既然信仰不能证明自身，思想还是需要求助于知识。这里形成了知识与信仰的循环，其循环路径大概如此：知识的隐喻是视觉，在认识者视域里，目力极限是信念，在知识极限处，意识就由"看"切换为"听"的模式；听觉是信仰的隐喻[1]，与

---

[1] 不能确定是谁最早使用视觉和听觉这两个隐喻。保罗·利科讲过，似乎其他人也讲过，记不清了。利科的大概意思是，希腊是视觉中心的思维，所以求知识；基督教是听觉中心的思维，所以求信仰。

主动性的"看"不同,"听"是被动的,是被灌输。"听"就是通过先知的翻译来倾听神的真理。但有个怪事:后来就没有先知了。为何再无先知?神学必须解释这件事情。一般的解释是,耶稣是真神,耶稣降临亲身说出了真言,就不再需要先知这种不太可靠的媒介了(先知是译者)。但仍有疑点:不争气的人类还是继续生活在混乱和罪恶之中,这说明耶稣的指点是不够的,人类还需要持续的更多指导,因此似乎仍然需要先知,于是穆罕默德就有理由再次成为先知。当然,如果耶稣再次降临,就更好了,可是人们苦等不来,于是贝克特有理由编造"等待戈多"的故事。

复杂的先知问题还是留给神学。实际情况是,人们通过神父的讲解来倾听神的话。但其中隐含一个困难:假定神说了终极真理,可是终极真理太高级,恐怕超越了人的理解力,不是人能听懂的,先知或神父的讲解就非常可能是误读。为了假装听懂了神的话,神学发明了解释学。然而解释也是一个无解的难题,不同的人对神的话可能听出不同的意思,却无从证明谁真正听懂了,也无法证明有没有搞错,于是卷入没完没了的解释和怀疑,其中最恐怖的怀疑是,人类的语言根本就没有能力转达神意。"看"(知识)的能力有局限,"听"(信仰)的能力也有局限,无论是知识还是信仰,只要宣称能够覆盖无穷性的普遍真理,就一定经不起怀疑论的质疑,怀疑论的"降维打击"能力是无敌的,而无穷性是一切能力的绝对界限。这里再现了"美诺悖论":人本来不认识终极真理,因此即使碰巧遇到了终极真理,也无法辨认出那就是终极真理而错过了它。

奥古斯丁说"相信便理解",听起来很震撼,但其中的逻辑关系并不清楚。假如相信只是理解的必要条件而不是充分条件,那么,信念就仍然需要知识论的证明,否则不足以立;假如相信是理解的充分条件,那么,信念就需要解释学的充分理由,即能够证明这种解释必然强过其他解释。可是强在哪里呢?伦理学的理由不够强,不同伦理会坚持不可通约因而不分高下的解释,美学理由更是如此,显然,只有真理性才是足够强的理由,但求助于真理就被迫回到知识论。可见,完全规避知识论的信念很难成立。假定有人相信x并声称不需要知识证明,那只能说明"某人相信x"这个事实,却推不出更多的事情;假如所有人都相信x(比如人人相信太阳每天都会升起),但信念的全体一致性并不能保证人人会有相同的理解(比如可以理解为太阳围绕地球转,也可以理解为地球绕着太阳转,甚至可以理解为每天都有一个新的太阳),那么,要证明哪一种理解是正确的就只能依靠知识。但是知识还未获全胜,事情还会发生反转:知识只有被相信才生效,无人相信的真理是无效的。假如世界上所有人都相信上帝或每个人都不相信量子力学,那么关于上帝的错误信念生效而量子力学的真理无效。真理就是真理,没有一种信念能够证明真理是错的,这是

三 知识和信仰的循环 | 35

真理的力量所在；可是相信是真理的生效条件，如果人人不信真理，真理也无用武之地，这是信念的力量所在。似乎可以把奥古斯丁的话修改为：相信便理解，当且仅当，理解就相信。两者是循环的。

试图超越知识的信念不得不面对解释的失控。由相信来决定的事物，也必定是能够任意解释的事物。信念无法控制关于信念的解释，其最终结果必定是意义消散。终极存在可以理解为上帝，也可以是任何别的神，或自然，或老天，或理念，或能量原点，无限制的解释实际上定义了貌合神离的终极存在。罗素讲的笑话其实很深刻，他说他被告知"什么是精神？那绝不是物质；什么是物质？那绝不是精神"。这说明，我们或能够说出绝对存在"不是"什么，但没有把握说出它"是"什么，也就可以随便是什么。解释蕴含胡说，而且没有办法避免或排除胡说。脱离了知识的信念迟早产生不同或冲突的解释并且导致互相怀疑，不可避免的解释多样化甚至解释标准的多元化迟早会使信念和价值观名存实亡。在古代，人们在信念和价值观上只是有某种分歧，但是在当代，信念和价值观的冲突已经达到没有共同语言的地步，其"精神隔离"相当于形成了物种差异的"生殖隔离"，比如我们不能肯定人人谈论的自由、公正和平等有着相似的意义，事实上这些概念只要涉及具体内容就恐怕会发生战争。

没有一种信念能够抵抗怀疑论，在怀疑论的方法下，任何信念都能够被转换为可疑的对象。但如果抵制怀疑论，坚决相信某种事物超越了任何知识，那么也就没有任何知识可以确定这种事物的身份，于是必定陷入解释学困境——人人可以随便加以解释。任何"信则灵"的事物，就是可以任意解释的事物，而解释的任意性导致意义的"租值消散"。一个例子是当代艺术，解释的任意性已经导致其意义消散，当代艺术的唯一可识别价值只剩下作为资本市场的一种变相股票。

这里试图说明的是，信念没有独立自足的解释能力，终究是属于认识者视域的一个内部问题，属于认识者视域的一个基本结构，即知识与信念的循环。如果思想采取认识者视域，就无法摆脱知识和信仰的循环：在知识触底而失去最后证明的地方，信仰就成为一个解决；当信仰在解释中陷入混乱和失控，知识就成为出路。只有怀疑论独立于知识与信仰，在其循环之外维持着思想的反思性。可是怀疑论虽有反思能力却缺乏建构能力，思想终究不是为了悬隔任何判断，也不是为了悬隔任何外在事物。如果都悬隔了，思想就什么都没有了，相当于破产。因此，怀疑论只是一种反思方法，哲学还需要一个建设性或生产性的视域，思想必须证明思想的积极性（positivity），即思想必须有所作为。

{ 四 }

知识论的最后努力

现代知识论是认识者哲学令人赞叹的最后努力。现代哲学放弃了关于万物的形而上知识，转向研究知识本身，所谓知识论的转向（相对于形而上学而言），同时也是主体性的转向，即从外在事物转向了主体性，包括主体的意识结构或知识能力。一般认为现代哲学始于笛卡尔，特别重要的人物还有休谟、康德、胡塞尔和维特根斯坦以及分析哲学家群体。现代知识论着重反思了知识的形式、真理性和知识的界限，但其中的关键问题一直没有得到"科学的"解决，因此更新一代的努力转向研究思维的生物学基础以及心理学基础，几乎与脑科学或人工智能的研究合流了。简单地说，现代哲学不再谋求万物的总体知识，而试图成为关于知识的知识。建立"知识的知识"大概是认识者哲学的最后一搏，借用了科学和逻辑的成就，确实增进了关于知识的知识。然而，此种努力终究无法突破"维特根斯坦瓶子"的瓶颈：

"哲学苍蝇"硬是看不见出口，就是说，知识的基础必须自证却又无法自证。关键在于，知识论的出口根本就不可能是一种知识，而只寻找知识的"哲学苍蝇"不认识没有知识标识的出口。知识的基础不是知识，这意味着，认识者视域不适合解释知识基础的创制问题。

知识论的基本句型是"什么是什么"以及"什么导致什么"，都是对"什么"的研究，这与知识的基本句型完全同构，这表明知识论试图成为一种知识。"什么是什么"意味着定义，定义又意味着完成式的概念，标志是形成封闭性的意义边界，真理是什么，信念是什么，知识是什么，因果是什么，如此等等。动用了逻辑和科学方法的现代哲学确实把这些事情说的比传统哲学清楚得多，但始终没有能够完全清楚地定义基本概念，令人耿耿于怀的是，至今很难充分定义什么是因果关系，也未能充分解释什么是真理。因果和真理的概念正是知识的基石，基石不确定，一切都不确定。

分析哲学有个重要的见识，它认为，足够清楚的表达足以消除大部分糊涂问题，因为大部分所谓的问题只不过是糊涂表达导致的混乱。然而事情比预料的要复杂得多，"足够清楚的"表达仍然不足以解释思想框架或知识基础的合理性，总有一些基本概念是用来解释所有其他概念的，而其自身却难以被解释，即使语义足够清楚，也不是那些概念立足的充分理由。比如把真理解释为：（事情是如此这般的）确实是如此这般的（塔斯基式的表述），这个表述的语义足够清楚，却没有真正解释什么是真理。皮浪或者恩披里克或许会说，事情只是显得如此这般而已，你用什么方法看见"确实是"了？显然，概念的语义不等于解释了概念的功能。

在功能上说，真理必须总是在未来时态里有效。事后的真理虽是真的，但价值不大，因为人人都是事后诸葛亮。可是涉及未来的经验命题都不可能事先为真，这是关于真理的苦恼。我们最想知道的事先真理仅限于先验真理，而不可能是经验真理。"明天有50%的概率会下雨"不是真理，似乎算是知识——我们知道了有50%的概率会下雨，但另一方面，同时说明了明天不一定下雨。这种"知识"难免有一种后现代的反讽性。当然，在大多数情况下，概率知识并非如此好笑，而是非常严肃的。假定新冠病毒的致死率千分之二，所以大多数人不愿意被管制，但如果是致死率百分之九十的黑死病，恐怕大多数人看见别人都像见到魔鬼。这里想说的是，概率是非常重要的知识，但不足以填满我们对真理的想象。对于知识，最保险的理解是，知识是具有真值的描述。描述（description）的一个主要价值就在于预测（prediction），那么"明天有50%的概率会下雨"是半个知识吗？我们对半个知识感到满意吗？可离奇的是，这个"半个知识"命题反而是无懈可击的真理——无论下不下雨都说对了，这就太后现代了。

具有充分预测能力而事先占有未来的真理只存在于

数学和逻辑里。逻辑或数学的符号世界以及符号世界里所有的"实体"(符号和符号串)都是人创造的存在,数学世界有着无穷多命题,人不可能穷尽所有数学命题,但数学仍然事先占有了整个数学世界,以康托式的方式预先占有了作为实无穷(actual infinity)的数学世界,所以人有能力判断一个数学命题在人类创造的数学世界里是否普遍必然为真,至少在人类的数学里是这样的——外星文明是否会有不同的数学,这是一个有趣的科幻问题。与之不同,实在世界不知道谁创造的,关于实在世界的经验命题却没有把握甚至无望成为普遍必然真理,因为人类不具有上帝级别的"历遍无穷多可能世界"的知识能力,实在世界的无穷变化不是人类能够必然预测的。逻辑和数学世界里不存在逃逸的未来,只有尚未发生却已经注定的未来,实在世界才有真正的未来,即逃逸在任何预测之外的未来,即可能发生也可能不发生、可能如此发生也可能不如此发生的未来。人类无法预定也无法控制的未来才是绝对的未来,人类因此陷入了存在论的迷茫(ontological aporia)。

形而上学的一个功能就是试图克服存在论的迷茫,以一些足够大甚至至大无边的概念去覆盖无穷性,让未来在认识者的视域里提前成为知识对象而占有未来。虽然存在论通常是形而上学的核心议题,但实际上形而上学与存在论之间有着一种内在的紧张:假如无所不包的形而上学概念能够导出占有未来的真理,那么,存在就失去生活意义——不确定的未来正是生活意义的存在论条件，或者说，生活的意义就在于"赌博"——但如果没有真理，生活就直接失控甚至崩溃。真理与价值似乎互相否定，但又不可或缺。令人不安的是，包括真理、知识、因果、整体、现象、意识、经验等为知识奠基的基本概念都是形而上学概念，并非科学概念，这些形而上学概念恐怕永远是模糊或无法定义的，这意味着，我们其实并不真正知道我们在思考什么。

维特根斯坦相信哲学的工作就是与混乱的语言做斗争，就是澄清思想。这是切中要害的见识，但事情还有另一面，即使语言清楚了，哲学问题也没有因此消失，反而刚刚重启。维特根斯坦是个真正的探索者，他果然同时意识到了，即使所有事实都有了科学的描述，那些最重要的哲学问题仍然没有被触及。在此他似乎陷入了深度的迷茫：那些最重要的哲学问题是不可说的，而既然不可说也就无法解决。于是哲学迷路了，这里肯定有什么地方不对头，如果连维特根斯坦这样的天才都迷惑了，很可能哲学预设的道路是歧途，或遇到什么陷阱。

传统哲学路径富有智慧，但不等于所提出的问题都是有意义的，也可能包含某种未被意识到的连续重复错误。这不奇怪，与无穷可能性和无穷未来相比，传统视域的经验基础非常有限。认识者视域可能就是一种长期路径依赖导致的视域偏差，显然并非所有问题都会有一个知识的答案。试图把思想还原为描述性的知识命题，是一个反对思想的计划。分析哲学曾经拒斥"无意义"的命题即无真值的命题,就是说,无真值就无意义。这个标准成功地打击了那些在"能指"之间昏昏昭昭的话语,但同时也以知识驱逐了哲学。如前所论,知识的基础不是知识,而是思想的创作,这意味着最重要的哲学问题落在知识论的解释能力之外。认识者的哲学强调真值,这一点对于知识很重要,但并非事事都有真理。如前所论,真命题并非稀缺资源,人人都可以说出无穷多的真命题。只要不断增加约束条件,几乎任何一个命题(自相矛盾的命题除外)都能变成一个有真值的命题甚至真命题。但即使有了无数真理(大多数真理是废话),仍然不能解决哲学问题。

如果真正重要的哲学秘密是不可说的,那么"不可说"的那些事情在思想中意味着什么?起什么作用?"不可说"并非不能表达为语言——事实上人们不断在言说"不可说"的事情——而是指无法表达有真值的命题,而"可说的"就是可以表达为有真值的命题。"可说的"约等于知识,"不可说的"约等于非知识的思想。正如维特根斯坦承认的,思想的根本困惑很不幸地都属于"不可说的"事情,却无法省略无法回避。不可说的事情在精神世界里是什么位置?为什么必要?在何种意义上重要?这都是知识无法回答的问题。

不属于知识而又无法回避的事情必定具有存在论上的重要性,必定与存在的可能性、思想的可能性或文明的可能性相关，否则不值一提。如果参考休谟，就可以进一步发现维特根斯坦问题的深度。既然由"实然"（to be）推不出"应然"（ought to be），价值命题就不是知识命题，不具有真值，那么，如何才能有意义地讨论价值命题？把休谟叠合到维特根斯坦上，应然命题就属于"不可说"的领域。假定把不可说的事情分为两类：价值观和形而上学，形而上学虽在知识之外，不是知识命题，却是知识所需的基本假设；价值观则是行为和制度的基本假设。所有基本假设都是思想和生活所必需的创制，这是哲学极限问题。思想最没有把握也是最需要反思的事情就是思想和生活的基本创制，既是思想的基本观念也是生活的基本秩序。当思想以自反的（reflexive）方式来反思自身，思想的性质就变了，知识论消失在思想的自反性之中，在此，思想的焦点从"我思"（cogito）转向"我作"（facio）。在"我作"的问题里，创制先于真理。

{五}

反思性和未成性

不能还原为知识的思想就必定引发哲学问题。哲学虽早生却必晚熟。如果思想没有陷入无法自证的困境,就不需要反思自身,也就不会产生哲学。思考万物的古代"哲学"十分悠久,比我们所熟知的希腊或先秦还要早得多,早就出现在神话里。思想全面反思自身却是很晚近的事情,数百年而已,之前"全知型"的哲学已退场,旧概念的"哲学死了"——霍金这个说法大体上是对的。

哲学是文明内在的反思功能,当文明的时空在实践中充分展开,真正严重的隐患才显现出来。文明怎样才算"充分展开",或有不同理解,就思想水平而言,理性反思应该是一个重要指标。当理性能够对某些观念和行为的合理性进行反思,就意味着思想初步成熟;如果理性能够对观念系统和制度系统的整体性质进行理性反思,不留任何死角,理性就充分成熟了——目前只怕还做不到。对文明的反思与文明的演化似乎有着相反或颠倒的过程，文明从一开始就在创造秩序，并且在制度实践中形成了永远的基本难题，然而那些最基本的难题却要等到文明演化到相当复杂的地步才被反思。哲学里最重要最根本的问题往往是很晚近才被"发现"的，其实早就存在，所以对哲学问题的发现就有着"考古性"（福柯主张"知识考古学"很有见地）。笛卡尔、霍布斯、休谟、莱布尼兹、康德、海德格尔和维特根斯坦在他们的时代所发现的"新问题"并不是人类的新问题，反而是任何可能生活里的最基本、最初始也最重要的问题，比苏格拉底或柏拉图的哲学发现要深刻得多，也更接近思想的基础或生活的本源。还应该提到哥德尔，他是数学家和逻辑学家，他对数学系统的反思实为对思想最深刻的哲学反思，其深度和基础性超过绝大多数哲学家。我想说，反思总是迟到的，还有许多需要反思的基本问题或未被发现，或尚未充分形成，比如人与人工智能之间或人类文明与外星文明之间的"跨主体性"（trans-subjectivity）[1]问题或许会变成存在论的一个基础性的新问题，但无法预料是人类存在的新方式还是人类的终结。

---

[1] Trans-subjectivity是法国人类学家阿兰·乐比雄（Alain Le Pichon）提出的概念。我们在跨文化项目中共同研究过不少问题。作为人类学家，阿兰·乐比雄更愿意"描述"而不是定义，他最早在20年前与我的私人讨论中提出了这个重要概念，他希望我能够给出定义，因为这是哲学家"应该"做的事情，殊不知哲学家固然短于描述，却未必就善于定义。在几篇涉及跨文化的论文里，我分析过"跨主体性"，但还未能给出满意的定义。

与哲学这种"专门"从事反思的思想相比，数学具有更强的自反能力，其反思的技术水平比哲学高出很多。亚里士多德的逻辑是对思想的普遍反思，但属于形式的反思，在本质上与其说属于哲学还不如说更接近数学。从欧几里得开始，数学就已经比哲学的反思程度高得多，19世纪末20世纪初三大数学流派的反思涉及整个数学系统，尤其哥德尔取得惊人的成就。不过数学反思有其局限性，只能反思形式化的系统，不能反思"实质性"的观念系统和制度系统。哲学的反思能力虽不及数学，但反思范围更为广大，凡是实质性的思想，都属于哲学的反思对象。如果不去追溯某些"萌芽"的话，可以说，在笛卡尔之前，哲学只是试图成为关于事物的高阶知识，即形而上学的最初含义，而尚未对思想自身进行反思。早期哲学开发了用于解释万物的宏大概念，理念、存在、道、理、本质、实体、现象、因果之类，但尚未发现这些概念并不表达事物本身，而是思想自身的分类学。事物如其所是，不会把自己分成本质和现象或者物质和精神，所有问题都是思想制造出来的，因此思想需要解释为什么制造这些问题以及这些问题的合理性，所以说，问题的问题就是哲学问题，或者说，哲学来自对思想的反思。

只有当遇到非解决不可的问题时才需要反思，否则没有什么事情值得反思，思就够了，需要反思的事情与文明的基本难题是同一的。当文明生长到足够复杂的规模,以至于必须维修自身、管理自身甚至重构自身时,潜在而深藏的基本问题就会尖锐地暴露出来,而且严重到无法回避,于是需要反思。可见,需要哲学反思的都是文明的基本问题,都是生死存亡的事情,而绝不是出于纯粹好奇而究根问底地追问万物的起源或目的——这是一个流传甚广的关于哲学的童心理解。纯粹好奇的追问是童话般的话题,其成熟的追问产生了科学(而不是哲学)。哲学起源于思想对人的存在方式或思想方式的反身困惑,不可思议的命运、无法回避的苦难、一筹莫展的悖论和难以解决的矛盾才是哲学必须面对的。哲学反思困难和苦难,不研究快乐和幸福,除非快乐变成了灾难。

早期哲学对万物的想象实质上是神话的学术版,其研究对象不是思想的终极难题,而是宏大词汇暗示的宇宙论终极秘密,那些问题虽大而未必重要,并非别无选择。假如人们从来没有提出"理念"、"存在"或者"本体"之类概念,当然损失了一些引人入胜的题目,但人们会去思考另一些大概念,想象力另有用武之地,替代品很多,或更有趣也未可知。与无法回避的难题无关的大概念没有思想的必然性,只是历史或文化的偶然产品。希腊人没有听说过阴阳,并不影响思维效率;先秦人没有听说过理念,也不欠缺思想内容。某些观念或概念属于特殊或偶然的文化现象,但确实有一些问题是任何生活或任何思想无法回避的,就像氧气、水和食物是必需的，没有就不能活。

无法省略或无法悬隔的普遍问题才是哲学必须反思的，也就是人类不得不面对并且必须解决的那些事关生死存亡的事情。人类需要秩序就像宇宙需要物理规律，没有秩序或失序就是绝对的灾难。无论语言、制度还是观念系统，所有规则性的秩序同时也是思想的秩序，就是说，存在的秩序同时也是思想的秩序。思想必须创造并且解释秩序，这就是人类存在的本源或根本问题。在基本观念之下再也没有更基本的观念了，思想触底处，再无知识或伦理的根据，思想如何思想？为什么和凭什么如此思想？在此，思想回归其初始性或"创世状态"。基本观念是所有观念的发源地，是思想的起始观念，可是我们不知道创作出来的那些基本观念是否合理，或是否还有更合理的。思想反思的是思想的边界，也是理性的边界，不再思考事物，而以思想解释思想，在这个意义上，哲学需要成为"元观念论"（meta-ideology）[1]而不是"元物理学"（meta-physics），就是说，哲学是内向的而不是外向的。哲学反思的远远不止是知识的基础，而是整个思想的基础，也就是人类文明的基础，或者说是人类的存在方式，即人的存在何以如此存在（而不是那样存在）。思想的反思最终就是存在论的研究。

人类的存在论身份是创造者，一种能够创造存在秩

---

[1] 这是我在90年代的想法，后来很少使用这个容易误解的古怪词语。

序的存在。人类创造的存在秩序被称为文明，人类文明在结构性上具有一些有着重大意义的性质，但不知道是不是"独特"性质（还不知道外星文明是否也有类似性质），其中一个结构性的性质是：文明的整体可以映射在部分之中，相当于一个集合映射为它的一个子集，而这个子集还有余力。整体大于部分之和，这个整体论原理不难理解，比如物质世界的运动和演化是整体性的，其系统有着属于整个系统而不可还原为部分或局部的规律，所以整体大于部分之和。但部分等于甚至大于整体就有些离奇了，可却是文明之所以成为文明的决定性因素，这个神奇的"部分"就是语言。

语言使人类不仅有思想能力，而且还有反思能力，于是产生了部分大于整体的效果。语言不仅能够映射文明的所有内容，而且同时是自身的元语言，因此语言能够反思自身的所有事情。语言蕴含无穷可能性，能够表达所有可能世界，因此不仅能够映射现实世界，还能虚构在现实世界之外的任何可能世界，在潜力上蕴含无穷多个可能世界的集合，所以语言大于世界。语言不仅映射了文明的所有事情，还潜在蕴含所有可能被策划的文明创作，无论文明如何发展，都不可能映满语言，正是语言的无穷性保证了思想的无穷性，而思想的无穷性保证了文明的无穷性。由此可以说，语言使文明能够自己创造自己，因而使文明具有生命状态。如果不限于蛋白质、氨基酸或大分子这种概念来定义生命的概念，文明就可以被认为是一种超级生命，是以信息为形式的生命形态。蛋白质的生命在一定时间限度内必然死去，文明却可能不死，甚至人类死绝了，文明或可继续存在于超级人工智能里（并非绝对不死，宇宙死了，一切都死了）。这里"不死"的意思是，文明没有那种端粒期限，如果文明没有自杀，就能够在不断更新中永在，而无限的更新能力就来自能够映射一切可能性的语言。

文明的另一个奇特结构是，文明立足的根基永远尚未完成，永在建设中。这个"危楼"性质是荒谬的，但也是事实。文明基础的未完成性甚至不可完成性一方面意味着文明的永远创造性，另一方面也决定了人类永无宁日。长期以来，无论是哲学还是神学，都试图发现某种"完成式"（即使是未来完成式）的终极答案，以便为思想系统和社会秩序安排一劳永逸的绝对基础，比如寻找知识的先验基础或想象某种绝对的普遍价值，但都没有成功，恐怕也不可能成功。一个有趣的例子是，数学的逻辑主义（罗素和怀特海）曾经试图证明全部数学可以还原为逻辑。这个计划极其优美却不可能成功，因为数学的丰富性和创造性不可限量，并非逻辑能够先验预定。这个例子是个很好的隐喻，它说明了，一方面，人们确实可以发现某些绝对基础（罗素和怀特海的《数学原理》确实以逻辑证明了大部分数学定理），但另一方面，永远不可能先验地建构出全部基础。人类思想或知识永远不可能公理化，这意味着先验论的局限性，也说明人类思想和存在必定是创造性和历史性的，不存在一劳永逸的完美奠基，因此文明不可能有历史的终结，除非文明死了。

永远的未来性意味着永远开放的可能性。思想无法先验地规定未来，这意味着，本源不可能是一个完成式的结构，而是具有未来性的谜。因此，人类思想和存在的本源不属于过去时，而属于现在进行时和将来时，本源就永远贯穿在文明的不断展开中。人类思想和存在的本源不是一个点，而是无穷的线，或者说与无穷的线同在，本源既是出发点也是永未完成的过程，永远具有当代性。也许更好的隐喻是"道"，古人或许直观到这一点也未可知。永远在场并且不可能退场的问题就是本源问题，始终在场意味着永远无法解决，这说明文明的本源永远尚未完成，同时属于过去、现在和未来。本源状态就是创造状态。

{ 六 }

创造者的视域

认识者视域及其知识论的局限性在于错过了最重要的存在论问题——人类如何创造性地存在，如何为存在创造存在的秩序。人类的存在方式意味着存在即创造，因此存在论和创世论在人的存在中是同一的。人类没有创造自然，但创造了文明、秩序、价值和历史，而人类存在的全部意义就在于这些创制中，所以，在人类的存在状态上，存在论和创世论的问题域和意义域完全重叠。因此，我试图讨论一种"创造者视域"的哲学，或创造者的哲学。这不是否认人的认识者身份，毫无疑问，人类既是认识者也是创造者，但创造者是人类的存在论身份，即本源性的身份，这是人作为文明、秩序、价值和历史的本源而获得的存在论身份，正因为人类是创造者，所以造成了存在论中的一个本源，而这个问题只能在创造者视域中来讨论。

很久以来，人的创造者身份被认识者身份所遮蔽，多半与宗教有关，也与伦理学有关。在文明的漫长演化过程中，宗教和伦理长期支配了思想，而宗教和伦理都不关心人的创造性。在宗教支配的意识里，创造者是上帝的身份，人只能去认识上帝创造的万物；在伦理支配的意识里，自然之道是天经地义，伦理只能按照天道去建立人道，遵循规则是最重要的事情，也同样忽视了人类的创造者身份。这不是说人们没有意识到人有创造性，而是没有意识到人的创造是一个存在论的本源问题。万年以来人类的创造惊天动地，不仅创造了映射一切事物的语言，还创造了制度、伦理和法律，还有农业和工业，还有科学和技术，还有鬼神感泣的历史。神学的创世论只是无证据的神话，就证据凿凿的事实而言，人类的创造才提出了唯一的创世论和存在论。即使哲学不曾讨论，人类的创造者问题也一直普遍存在于农民、工匠、数学家、科学家、思想家、政治家和艺术家的工作之中。

上帝不是实在，但可以理解为万物本源的一个理论概念。上帝创造世界，这是最大的创造，无有其匹，而人创造的文明、秩序、价值和历史，虽与创造世界相比微不足道，但同样蕴含着本源问题，任何创造在存在论上都是同构的。如前所言，人的创世才是唯一真实的创世论问题，而上帝创世只是神话。如果把上帝的创世论转换到哲学中来分析，就变成了形而上学，等价于对万物存在的本原想象。上帝只是一个代码，也可以另外命名为物质、精神、自然之道或宇宙原点。代号为上帝的创造者是无从证明的假设，因此不是一个存在论问题。如果一种创世论是有意义的，就必须有创造者在场，可以当场证明，可以对质，这样的创世论就同时成为存在论。唯有人类作为创造者是当场存在的，所作所为就是当场证词，因此，人类的创造构成了真实的创世论，同时也是在场的存在论，两者重叠。换句话说，创世论需要落实在一个存在论的完整结构中才是有效的，这个存在论的完整结构意味着主语、谓语和宾语同时在场，即创世作为"存在论事件"的每个相关项都不能缺席，创造者、创造性的动词和创造物必须同时在场才能在当场对质中形成有效证词。在这个意义上，人的创造是唯一有意义的本源问题。

中世纪的神学家们苦苦地构造关于上帝的存在论证明，上帝不能当场作证，只好逻辑证明，神学家们的证明虽然高明，但功亏一篑。神学家关于上帝的存在论证明必须引入完美性（perfection）的概念，同时假设上帝就是完美概念，而完美性在语义上包含了一切可能性，也就自动包含了"存在"的性质。然而，且不说完美性蕴含存在是个疑问，更无法证明上帝等于完美概念的假设。这个论证预设了结论，所以是非法的。任何实质前提都无法逻辑证明而只能通过存在论证明而为真，而存在论证明必须是在场证明。在场的创造者只有人，也只有人同时满足了存在论和创世论的证明条件。在哲学史上，神学家是最接近创造者问题的思想者，但所选择的对象，即上帝，却是无效假设，因此错过了真正的创造者问题。也许真的有万物创造者，但这不是人类能够理解的事情，人类必须谦虚。

创世论的问题都是同构的，都意味着创世性，只是创造的"世界"不同。假设上帝至高无上，就不可能让人猜中它的心思，谁说猜中了上帝的心思，就是贬低了上帝。其实人对上帝之心一无所知，归属在上帝名下的全部伦理原则和价值观都是人的想法，只是假借上帝之名。如果真的相信上帝，就不能妄议上帝之心。在这个事情上，我倾向于唯名论。但无论唯实论或唯名论都无法证明上帝是实在世界的创造者。神学的创世论在思想语法上不完整：创造事件的主语不在场，谓语不可解密，只剩下宾语（万物）是可见的，所以，上帝的创世论是无法解码的"神迹"（据说物理学终将破解宇宙的终极秘密，但这个预期仍然有疑点[1]）。与此不同，人作为创造者没有神迹，但有奇迹，最大的奇迹就是思想的自反性（reflexivity），即人能够反思自己的所作所思，能够解释自己所创制事物之所是。思想的自反性是人作为创造者与上帝的本质差异。上帝全知全能，按照莱布尼兹的

---

[1] 能够统一相对论和量子力学的"最终"物理学理论似乎已有希望，但仍然有个疑点：大统一理论很可能只是数学化的物理学，而数学化的理论很难达到充分经验证明，人类没有能力动用超大能量进行超大规模的实验，也许要等到人类畅游宇宙时才可能。也许毕达哥拉斯是对的，万物的终极秘密是数学。

论证，上帝直接就知道哪一个是最好的可能世界，因此上帝不需要哲学。人虽是创造者，却在能力上非常有限，思想和行为错误百出，所以人需要不断反思，必须在思想中建立自反性来理解自身。

经验证明永远不够用，于是知识或思想都需要一些"自明的"基本观念。所谓"自明的"基本观念其实都是假设，而假设在实质上是创作。创作出来的观念不是知识，知识已经触底了，而且基本假设就是知识所以可能的基础，因此，自明性不可能在知识论上被证明。自明的观念看上去几乎必然为真，但并不绝对保险，只是意味着：x在理性直观上是真的，并且在经验可及的可能性里看上去都是真的，但无法证明x在所有可能性里都是真的。当然，重言式是永真的，但这远远不够，知识还需要超出形式关系的经验命题，在逻辑的传递性之外还需要事实的传递性（因果）。自明的命题"偶尔"可以是错的。欧几里得几何学的第五公理即平行公理看上去是自明的，但无法证明，相反，现代几何学证明了平行公理在真实世界里并不总是如此，因此有了非欧几何。有趣的是，一些反自明的观念却是真的。集合论就经常违背直观自明性，自然数的无穷集合可以完全映射为偶数的无穷集合，这是"荒谬的"，因为"明明"多了一倍。无穷集合可以完全映射为它内部的一个子集，等于说，全体与部分相等，这也是反自明的。两个无穷大的集合也可能不一样大，例如有理数无穷集与无理数无穷集，可既然都是无穷集就"明明"应该一样大，但偏偏不是。更难以理解的是量子力学，几乎完全是反自明的，却是真的，而量子力学很可能是最接近万物真相的理论。可见自明性不等于必然性，只是人在创作基本观念时最容易发现的最显眼路标。

创制的对象或"资源"是可能性，在理论上是可能世界的无穷集合。与之相应，创制的意识装备是能够表达无数可能性的语言。在这个意义上，语言是人类最伟大的创制。既然任何可能性都可在语言中表达，语言就为无数虚构对象预留了空间，这对于思想是挡不住的诱惑，人难免胡思乱想。仅凭语义就足以产生形而上学的诱惑，比如把经验定义为不纯的、变化的、表面的、相对的或现象的，于是在分类学上就暗示着，在经验背后另有纯粹的、不变的、本体的、绝对的、本质的或终极的存在本身，但这纯属语言的虚构，除了在语言中，我们从来没有见过绝对或终极的本体。那些"最高级别"的概念只存在于语言中，在语言之外找不到对应物，只是虚构作品。语言的虚构对于思想极其重要，是一切创制的资源，没有虚构就没有思想，就像不说假话就没有太多的话。但并非任何虚构的对象都是思想问题。神作为文学故事是有趣的，无穷大在数学里是必要的，但终极或绝对的存在却是一个不可能的思想对象，因为不存在思考终极或绝对存在的方法，所以只是不太有趣的文学。经验论或分析哲学的批评是有道理的：形而上的对象不存在。它们作为符号有涵义（significance），但是作为概念却无意义（meaningless），意义需要所指（referent），可形而上学概念的指涉（reference）是仅仅发生在语言内部的一个功能，并无实在落点。

这不是在怀疑功能性的词汇，相反，功能词汇是最重要的词汇，是使思想成为可能的词汇。逻辑联结词（非；或；并；如果–那么；等价于）就是语言和任何思想的根本词语，我想不出比逻辑联结词更重要的词语。其他功能性的词汇也同样重要，比如因果、时间概念（先后、时态和时段）、空间概念（各种方位）、无穷大、无穷小等等。所有的功能词汇都属于建构思想的方法，却不是知识对象。"无穷大"并不意味着那里存在着一个无穷大的数，只是表达极限的一个功能，类似一种能力，却不是一个知识对象，因为无穷大的数或事物不可能在有限步骤里被构造出来。凡是没有建构方法的概念都不是知识对象。哲学误把许多属于语言的功能概念当成超验的对象，难免劳而无功。

哲学家试图找到最基本的"范畴"作为建构全部知识的基础。按照康德的理解，范畴是使经验知识成为可能的普遍有效的纯粹概念。最早的亚里士多德的范畴列表有些混乱，看不出范畴如何能够必然地构成知识，似乎更接近叙事所需的语言学要素。康德的范畴表则与知识构成明确相关，主要是对逻辑判断的基本概念略加改造，有4类12个范畴：（1）量：统一性、多样性、总体性；（2）质：实在性、否定性、限制性；（3）关系：实体–偶性、因–果、主动–受动的互动性；（4）样式：可能性–不可能性、存在–不存在、必然性–偶然性。

康德的范畴表虽有条理，但有疑点。实体-偶性（substance-accidents）作为"关系"就有些可疑，并非普遍的思维方式，只是欧洲语言里的特殊现象，在有些别的语言里无效。当代科学也不会接受把事物理解为独立实体。必然性和偶然性的划分也有难点，实际上，必然性只存在于逻辑和数学里，并不存在于物理世界或生活世界里，真实世界里只有相同条件下的可重复性，没有必然性。因果是最重要的范畴，但更令人迷惑，直到今天人们还不能为因果给出无疑义的定义，仍然难以确定哪种条件、何种相关性或何等概率能够说明什么就是"决定性"的原因，因此，因果范畴仍然是含义不清的概念。其严重性在于，如果经验知识不能定义因果，就等于逻辑不能定义蕴含，也就等于我们从来都不能确定什么是知识。因果关系的逻辑表达也有疑问，因果关系通常归入"蕴含"，即属于p→q的一种情况，但这个表达会搞乱逻辑关系和经验关系，尤其是不能表明因果关系与逻辑关系的差异，而此两者有着不兼容的性质，并非可以合并的同类项。因果并不是真值关系，而是存在论关系，因此，或许具有"存在论性质"的模态逻辑更适合表达因果，比如表达为：存在x，当且仅当，存在x蕴含所有y。"存在x蕴含所有y"在逻辑上不能证明，但我们不能忘记，因果是一个存在论状态，并非逻辑状态，除非能够证明逻辑学与存在论是全等的，这恐怕不能。当然还有漏洞，全称量词下的y意味着无穷多的可能情况，而无穷性超出了证明能力，因此应该增加一个约束条件，即"所有y"是一个有穷集合。无论如何，这是一个尚无结论的开放问题。

举出这些例子是想说明，除了逻辑和数学，并不存在能够严格定义的先验概念，甚至连笛卡尔期望的"清楚明白的"观念都不多。另外，范畴也不是经验总结出来的，经验不可能经过积累而显示"隐藏着的"必然结构，除非人们故意将其中某种关系看成是结构，而要把某些关系"看成"结构，又需要预设先验范畴。经验论和先验论似乎在循环，这种循环是知识论思路导致的。其实，思想或知识的基本概念既不是经验生成的也不是先验的，而是人的创制，人为了把观念有效地协调地组织在系统中而创制了一些具有秩序性的基本概念，这些概念的有效性就在于其组织能力，可以说，概念即秩序。基本概念总是根据对秩序的需要而变化和调整，这种不确定性说明，包括范畴在内的思想基本概念不是知识，而是形而上的发明，不是预先的真理，而是创造者发明的思想秩序——即使碰巧为真，也是发明出来的真理，而"碰巧为真"不是因为自明性，而是因为此种秩序碰巧在实践中递归（recursively）为真。

在创造者视域里，创制是创世存在论的第一问题。唯有人才能反思创世存在论，即"存在如何成为存在"。这非常不同于经典存在论试图讨论的"存在之为存在"。《周易》的《系辞》(不知何方高人所作[1])最早意识到"作"开创历史之功,而"作"正是创造者视域里的第一问题。如前所论,假设有上帝,全知全能,那么上帝之"思"就同时等于"反思",上帝总能够在无数可能性中直接找出最优答案,也就不需要额外的事后反思了。人作为创造者,不仅物理能力有限,认知能力更加有限,人从来难以确定什么是好的,不知好歹是人的本质。正因为人没有能力穷尽无数可能性,所以不可能知道什么是最好的——无穷性是形而上学或存在论的绝对界限——于是形成了人类特有的创世存在论难题:如此创制了这般的存在秩序,却未知是否最优。

假如人类不是作为创造者而存在,任何思想和知识都无意义,也难以有任何推进(这一点甚至有生物学的理由[2]),因此,在存在论意义上,创造者身份优先于

---

[1] 一种传说认为是孔子所作,或孔子门人所作。没有证据能够证明这种推测是否为真。但从《论语》以及战国时期其他材料里孔子的"思想形象"来看,《系辞》的主要论题并不是孔子最关心的话题,因此,《系辞》为孔子所作的成真概率恐怕不很高,也可能是道家(关注变易)或墨家(关心制作)的作品,不过我更愿意猜想是东周时期熟知《周易》的佚名历史学家。

[2] 除了人类,其他物种几乎不可能突破其物种限度,各种动物都有足够用的经验知识或生存技能,它们的"知识"足以维持作为"适者"的生活,再多的知识是多余的,去探索多余的知识意味着多余的耗能,在生物学上是不经济的,所以动物不可能有真正的知识推进。类似地,如果缺乏造事的创造性,一种文明也会满足于"足够的"知识、经验和思想,即使经历千年也只有非常微小的推进。

认识者身份，创造是思想和知识的潜在容量的前提。从认识者视域转换为创造者视域，意味着哲学的反思对象从"所是"转向"所为"，哲学的主题从"真理和必然性"转向"创制和可能性"。在创造者视域里，存在论与创世论是同一的，不再是两个问题。存在的意义在于创制，使存在成为存在，而创制的意义在于为存在建立秩序，使存在得以存在。创制就是存在的意义终端，凡是人类不能创制的事物，就是人类的存在论界限。

人只是人类世界的创造者，不是万物的立法者。万物自身的运行法则比人的知识、意志和伦理强大得太多，只要违背万物的法则，人类马上就死。启蒙主义的人类中心论就像地球中心论一样自以为是，其实人在宇宙中无比渺小。启蒙主义想象人是万物的知识论主体，想象每个人具有绝对价值或是目的终端而成为万物的价值主体，如此不谦虚的观点无论在物理学、生物学或任何科学上都没有依据。启蒙主义实质上把上帝的神学复制粘贴为人的神学，因此启蒙主义是一种新宗教。单就生物学而言，假如每个人都是绝对目的并且有绝对价值，人类种群必定在无解的互相矛盾和冲突中走向灭亡，或者，假如人人在每种事情上达到平等，人类文明必定走向失去动力和活力的"热寂"。理想主义对人的期望过高，以至于反而想象了人类的必死之路。与之相反，创造者视域是谦虚的，比日心说更谦虚，就像量子力学一样谦虚。人类虽然创造了人的世界，然而无法完全控制人类世界的量子式混乱，作为创造者的人甚至不是其创造物的主人。

在人的创世存在论中，主题词不是存在（to be），而是行动（to do）。行动之外无存在，因此，存在即行动。只有改变存在状态的行动才制造了存在论的问题，所以说，存在就是去成为一个及物动词。及物动词的存在论意义在于创制，否则只是重复，因此，行动在于创制（to do is to make）。无创制的行动属于生物学过程，与存在的意义无关。创制性的行动必定包含思想，至少选择了这种可能性而不是那种可能性，因此，"我作"包含了"我思"，"我作"就是创世存在论的出发点，也是哲学的出发点。

在此需要一个注解：我作与我思的一致性并非传统的"知行合一"。我作是创造性的及物行动，以可能性为思想对象，以创制为结果。传统思想的"知即行"或"行即知"实质上把思想收敛为修身，其中有着反思想的倾向。修身修成最高正果也修不出逻辑学、数学、物理学、相对论和量子力学，可见修身是私人经验境界，不是改变存在的创制。"我作"与"知行合一"没有关系，而与维科的"成真即所成"（verum-factum）倒有着某种相通之处。不过，维科论证了所成即真理，仍然属于认识者视域。创造者视域却是一个超出知识论的创世存在论问题：如此这般地创制了如此这般的存在秩序，是否合理？是否最优？这不是在寻找真理，而是试图创造最好的可能世界。

人的存在秩序，或者说文明，应该被创造成什么样，没有知识论的答案，而是具有本源性或初始性的创世论难题。人制造了自然中本来没有的秩序以及失序，在自然之"是"之上创造了自然之"不是"，人是始作俑者，没有现成真理可以参照，这就是创造者的存在论迷茫。主体性的先验理性没有蕴含创造的原理，准确地说，创作没有原理，创造者的思想对象既然不是必然性而是可能性的无穷集合，就必定包含永远的不确定性和机会，而创造者本人就是最大的不确定因素。人是不靠谱的创造者，没有充分的理性，被迫成为机会主义者，即使有理性也不够用，理性无法处理的事情太多。但无论如何，既然创造了文明秩序，人就必须解释为什么"应该是"这样的。

创制一种秩序就是创造这种秩序之"所是"，但创造者必先有这种秩序"应该是"的概念才能够创作这种秩序之"所是"。于是，创造者首先以创世论的视域思考了可能世界之"可能是"，同时以价值论方式选择了"应该是"的可能世界，然后以存在论的方式实现一个可能世界。在创世存在论里，可能性先于应然，而应然先于实然。当人以创造者的身份来思考和行动，就颠倒了从必然性到可能性的逻辑语法，也颠倒了从实然到应然的存在顺序。这一点可以理解为对休谟问题的另类解决，即实然推不出应然的问题。这个解法并非证明了实然能够推出应然，而是另外证明了，被创制的事物预先蕴含了设计这个事物的价值选择，其"实然性"已经内在地包含了"应然性"，也就不用为推不出应然性而苦恼了。被创制的事物的存在论语义是"应该如此－那么如此"，相当于从"应然"推出"实然"。但愿这个迂回的解法不会让休谟失望。

形而上学里另一个关于本体与现象或本质与现象的疑惑，可称为"存在论的隔阂"，也在创造者视域里消失了。这个隔阂源于柏拉图的理念与经验事物之分，后来经过怀疑论的质疑而在知识论里演化为"事物本身"（相当于康德的自在之物）与"经验现象"的隔阂。怀疑论提出了一个深刻的质疑：事物显得（appears）是如此这般的，但没有任何办法知道它本身是（is）如此这般的，因为任何可能的"想法"或"看法"都超不出"显得"的范围。造成这个存在论隔阂的原因是：（1）假设了事物本身及其本质。这是毫无证据的纯假设；（2）假定事物本身有其独立规定性，即本质，在经验中也不能"给予"（given）经验者。这也是一个无证明的假设。据说给予经验者的只是一些不能说明事物本身是什么的感觉材料。这个存在论隔阂制造了一个形而上学的悬念：在我们能够知道的事情背后有着永远不知道的真相，即定义了一个事物如其所是的本质，于是自在之物就成了知识论的心病。在认识者视域里对这个难题的最好解决是胡塞尔的理论。假设事物本身为x，x意味着外在客观性。

胡塞尔证明了，虽然主观性无法触及x，但意向性能够"构造"一个内在于主观性的绝对客观对象（x），于是意识拥有了自己的内在客观性，有了（x），意识就有了自己的完整结构，也就无须为外在的x而烦恼了。这个知识论的解决虽然优美，但有个局限性，即终究无法解释我们身在其中的外在世界。放弃对外在世界的解释不等于问题消失了。

即使有了科学，我们还是难以确定事物本身是什么样的，比如不敢说就是量子力学描述的那样，因为事物的量子状态只是量子力学的理论和观察方式的结果，未必就是事物"本身"。但是，通过创造者视域却可以给出一个论证来消解存在论的隔阂：（1）在创世存在论里，本来就不存在事物本身与现象的存在论隔阂；（2）事物本身与现象的隔阂是一个伪问题。如前所论，创造一个事物意味着创造了其所是，因此，一个事物的本质就是创造这个事物的创意或设计，就是说，"我作"定义了"所作"之所是。那么，人创造的事物就直接给出了这个事物的本质，其本质完全涌现于这个事物的"在场性"（presence）之中，无所遗漏。维特根斯坦的"鸭兔图"提示了这个问题，不过他以为这是关于主观认知的事情。心理学也发现了大量类似的主观知觉例子，然而仍然没有突破知识论的理解。这里我想用一个最简单的例子来说明，至少被人创造出来的"存在事实"是充分被给予的，本质完全涌现在其"在场性"之中，就是说，在场

意味着对象的完全呈现(fully presented)。图形如下:

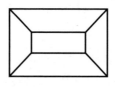

这是不知道谁创造的一个由线条构成的事物,线条的构成方式就是这个事物之所是,不多也不少,等价于定义了这个事物是这个事物的创意或设计,这是无所隐瞒的完全在场,没有背后的秘密。至于构成线条的物质是量子态或别的什么状态,在此不相干,量子态说明的是事物的物理状态,并不是"这个事物"的意义。这个图形的完全在场已经是这个图形的充分意义,因此,这个图形的本质已经是"给予的"了,没有不可知的秘密。在不同的主观知觉中,这个图形可以"看成"是凹的或凸的,但这些不同知觉只是主观偏好,却没有隐瞒这个事物的本身,无论看到是凹还是凸,都同样看到了这个图形的同样线条构成,就是说,每个人都看到了图形本身,只是理解不同。这说明了,本质并不在现象之外。进而可以发现,本质与现象的区分对于确定这个事物并无必要,相较而言,"体用"之分更有意义。体是一个事物的在场,用则是体相对于某种需要或理解的函数。比如这个图形的线条本身是体,被看成凹或凸是用。在创造者视域里,存在论的问题与体用相关,而本质和现象是冗余概念。

更重要的视域变化是，在创造者视域中，存在论并不研究"存在"，而研究"潜在"和"变在"，因为存在就是存在，存在解释了自身，不成问题。"潜在"意味着可能世界的集合，蕴含一切未来，"变在"把未来变成存在，把时间变成历史。所以，"存在"不是问题，而是存在论的分界线：事物存在之前的问题属于哲学，存在之后的问题属于科学。以创造者为出发点，创世论与存在论必定合一。如果一种存在论是有意义的，就必须同时是解释人的创制的创世论；如果一种创世论是有意义的，就必须同时是解释人的秩序和历史的存在论。人的存在状态直接就实现了存在论与创世论的合一：人创制了存在的秩序，同时又被自己创造的存在秩序所定义和支配。这是自相关的循环关系，主体-客体的对峙结构在此消失了。主体性和客观性之分只在认识者视域里有效，而在创世存在论里，人所做的事情并不具有独立于人的客观性，而是属于人的存在方式，人也不具有独立于事情的主体性，而是在所做的事情中成为如此这般的人。人与人的行动是一体化的存在论事实，人就是人的活动，不是别的，只有动词的人，没有名词的人。

{七}

事物与事实

思想的问题始于某种事实(fact)而不是某个事物(thing)。事物自在,好端端在那里,不提问题,人也不打扰事物,除非是人的事情卷入了事物。事物的存在对人的活动形成了限制条件,比如手臂不能进行反关节运动,但这不是问题。所谓问题,必须是在可能的条件下导致事态的变化。无变化就无问题。做事情总会遇到选择的难题,问题是行动制造出来的,是由选择做什么引起的。

做完的事情就是事实,事情或事实的区别仅在于进行时和完成时,但在思想语法上都不是名词,而是动词。制造一辆汽车,其制造过程是事情,完工状态是事实,而汽车是事物。事实显示了"事情就是这样做的",也就产生了"这样做好不好"的问题。事物的取值等价于"它是如此这般的"的描述(descriptions),而事实的取值范围却大于描述,在描述之外还提出了有关价值的问题:

凭什么做这样的事情而不是那样的事情？这样做对不对，好不好？虽然事物本身不是问题，但有的时候"显得"是个问题，那是因为与行动的选择有关而成为问题的一部分，比如"用钢还是用新型塑料去做汽车"，这里行动把事物变成问题的一部分。不过，把事情与事物截然分开讨论，就像把主体和对象截然分开一样也有些可疑，事物也是形成如此这般事情的不可分割的因素（这是后来意识到的，特此修正）。

与知识不同，思想并不按照事物本身来思考事物，而按照事物在行动中的功能或意义来理解事物，即按照事情的需要来理解事物的价值和意义。思考生活世界是一种"当事人思维"，生活世界是卷入了所有需要涉及的事物的事情总体，在其中，事物不是客观地摆在人的对面，而是在事情里面，人按照事情的价值关系去理解和安排事物的位置。对于分析生活事实，主体对客体的"旁观思维"就不太适用了，这也是科学如此强大却不足以解释政治、伦理、文化或生活的原因。

事情是个局，人和事物都在事情设定的局中。如果说"我们建造了一栋房子"，房子显然是"建造"的局中物，但如果说"我们观看一块石头"呢？石头就其本身而言并非"观看"的派生，却仍然是"观看"这个局里的事物，石头由于如此这般被看而产生了如此这般的意义，或是经济意义或是美学意义或是考古的意义，如此等等。事物如其所是，但事物的意义或价值却不在事物身上，而在针对它而发生的事情上。石头的例子过于简单，好像有点弱智，但足以表明知识与思想的区别：知识说明了"事物就其本身必须被描述为如此这般"，是否如其所是，至今还不能证明这一点；思想表明的是"事物在事情中有什么意义"。

人是设局者。当事人状态决定人不可能以纯粹知识的态度去理解事物，除非在进行科学研究，科学对事物的理解是"局外的"。当事人对事情的反思显然不是认识者的思考，而是创造者的反思，即人必须解释为什么和凭什么做这样的事情而不是那样的事情。自反的问题没有标准答案，也没有唯一答案，总之没有知识的答案。维特根斯坦说，哲学问题的一般形式是"我不知道该怎么走了"。这正是反思的一般困境。请不要误会为对知识的贬低，相反，这是说哲学永远达不到真理。那么哲学在寻找什么？如果说是实现或表现人本身的价值，这种人道主义（也称人文主义）的自恋话语听起来很不要脸，而且缺乏可信依据。

我们找不到任何方法证明人本身有价值，也没有办法证明人没有价值，有或没有，都是假设。假定人自身本来就有价值，那么不需要寻找；如果人的存在就是价值，那么人的在场就已经是充分表现，不需要通过理论、话语、艺术或文学来表现，何况复制不如原版。无论人本身有没有价值，万物自行运作，不需要人的指导。每个人都依存于他人，这是一种系统性的价值，存在于关系中,不是"自我"的价值,每个人都需要他人,但不需要别人的自我。人的存在论意义就在于能够让没有意义的事物变成有意义的,而不是实现未经证明的人的价值。人的意义在于能够创造高于人的价值。无论人本身是否有价值,人的"价值"肯定不是到顶的最高价值——如果是的话,人就不需要做任何事情了,单纯活着就是,而单纯活着正好证明了人没有价值,行尸走肉而已。人做了超越人的事情,创造了超出人的给定现实性的事情才创造了意义和价值,所以,人的存在论必须同时是创世论。哲学反思的就是人如何创造了超越人的事情,所以反思的是可能性。与之对比,知识研究的是被给予的世界是否存在必然性。无论可能性还是必然性,都超越了人的现实性(reality),无论研究可能性还是必然性,都研究了高于人的事情。如果人的精神世界里没有高于人的事情,人就反而自证没有价值。可是人类需要创造什么样的精神?这也属于思想的自反性困惑:人类无法完全合理地解释人类的创作。创世论在造物主那里不成问题,但这个神学级别的问题"降维"到人这里就形成了存在论的迷茫。

关于事物和事情的区分是想说明,哲学能够追问的本源并不在事物之中,而在人做出来的事情里,于是本源就成了困惑。这意味着对哲学结构的一个颠倒:本源并不是一切存在的终极理由,也不是存在的一般现在时,而是存在的创造性在场方式,是创造的进行时和将来时。

虽然本源是一个起源性的概念,但同时也是一个未来性的概念。这个事情表明,我作(facio)就是本源,而我思(cogito)能够反思的终极问题就是我作。

{ 八 }

最大的与最重要的

人们忍不住想研究"最大的"困惑,许多哲学家也这样想,然而劳而无功的一个原因是,最大的困惑往往来自一些最大的概念,而最大的概念却未必有着相应的真实对象。语言的分类学自然而然会产生一些"最大的概念",其功能是建立一些大集合,但大集合本身却不是那些集合里的成员,就像仓库或货架不是在售货物。而且,最大的问题也未必是最重要的问题。孔子所说的"大哉问",其中的"大"不是规模之大,而是重要的意思。哲学为什么迷恋最大概念或最大问题?维特根斯坦恐怕会说是一种"思想疾病"。

语言的分类系统最早或源于生活所需的识别能力,主要是物种分类。杀人的刀,煮饭的锅,能吃人的大虫,不能吃人的小虫,能吃的植物和动物,如此等等。亚里士多德的分类学就属于物种分类,他建立了"科学的"物质分类(在当时算是科学的)。分类意味着给事物在存在秩序中分配位置,让万物各就各位以便理解。是不是可以有怪异的分类法,是个有趣的问题。博尔赫斯虚构了"某本"中国百科全书[1],其分类学离奇诡异而难以置信。福柯说他看了笑得不行,于是把这个故事用于《词与物》一书的开篇,用来说明什么是"不可能的思考"[2]。这个虚构的中国分类学之所以在思想上是"不可能的",在于其分类学没有逻辑一致性,属于乱分一气,标准不统一。但什么样的分类学是合理的,这个问题却不简单。把蟑螂、蚊子和蝗虫归为害虫,这是人文标准,蟑螂、蚊子和蝗虫会反过来认为人才是害虫;把黄金白金之类归为贵金属,把钻石归为宝石,把某些硬木归为高级木材,都是人文标准,就自然本身而言,黄金和铁,硬木和软木,钻石和花岗岩,并无高低贵贱之分。按照不同的生活脉络可以建立不同的分类学来处理不同的问题,并无客观标准。伦理性的分类就是与自然性质无关的一种分类,但对人类生活很重要,如果不分好人坏人,生活就过于惊险了。伦理分类甚至延伸到动物身上,比如好马驽马,好猫好狗之类,就其参与了人类生活而言,

---

[1] Jorge Luis Borges: The analytical language of John Wilkins. In *Other Inquisitions 1937-1952*. University of Texas Press,1993.
[2] Michel Foucault, *The order of things*. Vintage Books, a division of Random house, New York. 1994. Preface.

这些分类就不太离奇了。[1]

科学的分类学越来越多地进入通用分类学，但通用的分类学仍然主要沿用语言的分类学，主要服务于生活情景的识别需要。分类涉及许多复杂而混乱的事情，并非那么理所当然。语言需要标记事物的可检索性，检索性首先就是归属性，即亚里士多德定义的"种加属差"。归属系统的逻辑就是集合论。直观地说，分类学的基本方法类似于仓库收纳法，每个概念在概念系统中都有其"应该在的"位置。不过什么是"应该在的位置"，就有争议了。如果将分类学的索引倒映为现实结构，概念也就以唯实论的方式随之倒映为事物，于是金字塔式的概念归属系统就"无意地"以倒映的方式虚构了一些事物。分类学"塔尖"是一些最大的概念，诸如存在、实在、物质、精神、上帝、世界、宇宙、时空等等。这些最大的概念具有语法性或仓库性的收纳功能，却未必都有与之相应的存在或与之相应的最大问题。哲学很容易由最

---

[1] 曾经有个欧洲的语言学家和我聊到博尔赫斯"那本中国的百科全书"，他说，按照其逻辑，就可以有"破坏家具的猫""不听话的狗""难看的树"之类的分类，那么分类学就过于膨胀了，中国的思维真的如此奇怪吗？我解释说，当然是虚构的，中国肯定没有这样有创意的分类学。不过如果把对生活的参与度设定为变量，就没那么奇怪了。如果尊重"事物本身"，不分好猫坏猫，按照这个逻辑就恐怕也不能区分好人坏人。如果所有"罪行"都不能用于分类，都取消了，人类离死就不远了。博尔赫斯虚构的那本百科全书是荒谬的，那是他出于分析问题之所需。分类的合理性在哪里？是一个未决问题。

大概念联想到最大问题，其中有着误导性。那些最大的问题只不过是语法和逻辑的产物，是虚构的困惑。追问最大问题类似儿童的好奇，儿童在追问事物的原因时会不断追问下去，一直问到完全无法回答。但无穷追问并不是哲学。

　　无限性（无穷性）是思想的界限。最大的概念涉及无限性，而无限性不可能被思想。事实总是有限的，如果一定要思考无限性，就只能不顾事实。不顾事实的想法被哲学美其名曰对"超越性"（transcendence）的理解。哲学为了理解无限性，就假设了一些不受经验事实限制的纯粹概念以便"超越"事实，所谓"纯粹"（pure），就是不顾事实的意思——我相信没有更好的定义了，对纯粹性的其他常见定义都是同义反复的重言式。纯粹概念按照无限可能性去设想，于是"理所当然"比事实大得多。纯粹概念自有语法上或逻辑上的重要功能，但并不因此意味着与之对应的哲学问题。只有把存在约束在有限可能性中才能够形成确定性和可理解性，否则无以理解。可以做个类比，数学里的"无穷大"概念有着重要功能，但我们不可能真的知道无穷大的数到底是什么，因为无穷大的数不存在，在数学里没有能行方法能够把它真的构造出来，所以不存在。每个世界都有与之相配的存在论，在数学世界里，真命题是其中的合法存在，而建构数学真命题的必然方法就是数学世界的存在论。一个确实存在的数，或一个能够被证明的命题，需要一个有限步骤的构造过程即"能行的"(feasible)过程来把它构造出来,否则不存在。要构造无穷大的数就需要无穷步,而无穷步是永远无法完成的事情,所以无穷大的数不存在。同理,具有无穷性的最大概念在意义上也无法完成,因此无法形成相应的最大存在或最大问题,思想世界的"存在论"同样不支持无法确定意义的问题和对象。绝对精神、绝对存在或上帝,诸如此类,之所以说不清,不是因为语文能力差,而是因为它们不存在,之所以不存在是因为不存在确定其意义的构造方法。以为有了能指就有了事物,这种幻觉可以请教弗洛伊德。

这里的分析借用了数学直觉主义的核心概念"构造"和"能行性"。数学直觉主义是最保守因而也是"最可信的"数学,其缺点是限制了数学的想象力,它能够信任的思维相当于图灵机的概念,但它可以接受有想象力的系统设计,只是不承认非构造性的命题。这里借用来论证包含无限性的最大概念无法形成有意义的问题,但并不否认最大概念的思想功能。在对传统形而上学的质疑上,直觉主义的构造性论证好过分析哲学的经验主义论证。分析哲学的打击点是形而上学命题缺乏真值因此无意义。这个"降维打击"很有效,但副作用太大,完全拒绝形而上学就几乎毒死了思想,哲学再无想象力。事实上形而上学在思想中具有不可省略的功能,尽管不是描述性的知识,却有结构性的功能,所以不可废除。

然而,最大概念有着类似毒品的诱惑力。观念论者有一个捍卫最大概念的办法，就是把最大概念设定为不需要证明的初始概念。比如"存在"设为初始概念，那么，就其分析的语义而言，只能获得重言式"存在即存在"，这显然无用，于是还需要设定关于存在的某些公理，比如"存在蕴含任何和一切存在"。但这样就出事了：蕴含一切的最大命题，就是至大无边的"一"（the One of oneness），似乎可以"自动地"推出所有事情，可惜是个幻觉。最大命题的语义里并不包含如何推出一切的方法，就是说，不包含由"一"如何变出"多"的建构性方法；其次，在逻辑上看，只有假命题才能蕴含一切命题（包括一切假命题和真命题），这条定理的意思是，真话只能蕴含真实，而假话蕴含所有一切事情。这意味着，无所不包的最大命题必定是一个假命题——这是形而上学的"阿喀琉斯之踵"。逻辑发现的这个秘密对于形而上学是灾难性的，它说明了，真理是真命题，但"绝对真理"却是假命题。

这里只是质疑最大概念必定蕴含最大问题，但没有怀疑大概念的重要功能。如前所述，大概念是思想的划分-收纳形式。没有划分就是混沌，也就没有思想了。绝对、存在、物质、精神、现象之类的概念可以把各种事物"收集"起来，就像集合的收集功能，但把功能当作知识对象则是思想错位。哲学需要研究的是重要概念和重要问题，而"重要"不等于"宏大"，重要性与价值有关。

除了使用语法-逻辑系统，思想还同时使用着另一套系统即价值系统，用来评估任何事情的重要性，依据的是行为逻辑。语法-逻辑系统设定了思想的可能性，但没有设定什么是值得思想的，这就需要价值系统。我们在逻辑中去识别事物的存在论位置，却按照价值系统去理解事物的价值地位。语法-逻辑系统相当于思想的"地图"，而价值系统相当于思想的"资源图"，两者形成了思想的坐标。价值上优先的事情不等于语言或逻辑上更大更高的存在（往往不是），而往往是与人的存在有着切身性或高度相关性的事情。当然，假如人能够达到上帝的视域，那么一切事情都不重要。佛家或庄子也有类似的超越眼界，如果众生平等、万物等值、齐万物、齐生死，也就没有什么事情是重要的了。这说明，如果眼界齐天地，就不需要价值观了。只有鼠目寸光才会有价值观，可是人正因为"鼠目寸光"才得以存在，这是一条直观而知的存在论真理。

概念的逻辑次序是按照事物的分类学、集合论或语法规则去构造的，而事物的价值次序则从人的需要出发。于是，逻辑次序表现为等级制的梯次，而价值次序却表现为人与事物之间亲疏远近的关系梯次。就是说，价值次序不以"归属性"而以"亲疏性"作为原则，表现的是人与事物的价值距离而不是逻辑距离。价值距离最重要的参数是需求和行动能力，超出动词能力的事情就不成其为问题而只是幻想了。所有与需求和行动直接相关的事情都有着优先的重要性，比如经济、道德、政治、法律等等，或秩序、制度、权力、利益、权利、责任等等，或冲突、博弈、战争、和平、均衡等等，这些事情之所以更重要，是因为事关生死存亡。语法－逻辑系统设定了思想空间，而价值系统在思想空间指定了实践路线。思想限于逻辑而服从价值。

{九}

名词思维与动词思维

在名词思维和动词思维之外没有思想。名词思维试图通过研究概念去理解事物并且规定事物，即以名定实。概念研究的理想目标是获得无懈可击的定义，尽管未必能够做到，通常只是建立对意义的分析和解释。名词思维的聚焦点落在概念化的事物之上，及物而不及道，即拒绝"变化"，因为定义需要确定事物的不变本质，或者说，名词思维试图确定"什么是什么"。"是"意味着确定性的定义，诸如世界是什么、心灵是什么、铁是什么、小麦是什么。一个事物，当说它是什么，就预设了一个有着封闭边界的存在及其不变的本质——定义就是确定一个事物的存在论边界。如果名词所指的那个事物确实存在，定义就是关于那个事物的浓缩知识或知识的索引。

然而，在变化或不确定性的维度里，名词破碎了。成熟的科学和数学理解的实在几乎都是变量，甚至是复杂到难以理解的变量组合，这已经提示了，实在的存在论形态是动词。毫无疑问，思想需要名词，需要分类学，需要集合论的组织方式，但名词需要跟随并且跟上动词。然而哲学仍然在坚持以名词为本，名词仍然被认为是思想的出发点。然而，任何事情都发生在名词之前，任何初始状态都是动词，而且任何存在状态都是动词。名词始终没有跟上动词。许多名词只是功能性的抽象概念，并无实在对应物，其意义只在语义解释，因此不属于哲学而属于语言学或逻辑学。名词的语义解释是思想关于自身的语言学或逻辑学知识，很容易被误认为是哲学。关于实在的知识描述了对象，而关于概念的解释讲解了观念，这种讲解包含了逻辑学、语言学或符号学的工作，或字典的工作，甚至还有文学，但都不是哲学。分析哲学一度相信，只要逻辑地澄清了概念的意义，大半哲学问题就消失了。这个看法或夸大了逻辑分析的作用，但不失为真知灼见。确实，在名词思维的空间里不能化归为逻辑、语言学或符号学的哲学问题并不多，这一点也说明了名词思维与哲学的接触面不大。

维特根斯坦发现，要理解一个概念，就不得不理解句子，要理解句子就必须理解语言，要真正理解一个语言就必须理解整个文化。同理可知，要定义一个名词，就需要构造句子，要构造句子就需要生成一种语言，而要生成一种语言，就需要建立一个可能世界。假设上帝以一个"名词列表"来创造一个可能世界，就需要定义一些初始概念和演化规则，还有一些公理。这个做法类似于数学家建立一个公理系统。当然，这个很难的事情对于上帝不难，上帝全知全能并且完全自由，可以任意修改系统，或许不需要公理，或者任意添加公理，总之，一个事情只要可以肆意妄为并且有能力肆意妄为，就不存在任何难度了。上帝有无限能力，所以上帝任何想法都是伟大创意，而人渺小到几近瓢虫，因此人的"乱搞"只能产生废品和垃圾，绝不是艺术。这证明，除非能够定义一个世界，否则不可能通过定义某些名词来把不存在的变成存在的。

真实世界太复杂，且不考虑，这里以维特根斯坦的"游戏"概念来替代世界。游戏的概念可大可小，至大即等于世界，比如语言；小者在规模上虽小，但在构成原理上类似于一个世界，比如象棋这样的"小世界"。象棋里的个体，将帅士相车马炮兵，其字面上的社会文化语义可以完全消除，替换为单纯符号ABCDEFG而对游戏本身毫无影响，这些个体的意义是由约定的行为规则来确定的，即个体可以做（moves）什么定义了它是（is）什么，这意味着动词决定名词的意义，或者说，世界是动词创造的。

根深蒂固的名词崇拜会误导意识。假如名词可以定义实在，那么只要重新解释了某个名词的意义，或者改换一个名词，就似乎改变了实在的身份，相当于，说什么是什么，那就是什么。这个"以名乱实"的思路一旦应用于现实世界就比较危险了。这种概念唯实论

（conceptual realism）在今天就颇为流行，以为重新命名或重新定义一个概念就等于改变了事实，或可以改变价值观。假定我们决心为精神病人换一个不会引起歧视的名称，于是以"与众不同的人"来命名精神病人。[1]可是事实并未改变。对精神病人的这个定义实际上很高明，但许多以"政治正确"为理由的重新命名却是笑话，例如把智力偏低的人命名为"智力受到挑战的人"，很难说这是一个平等主义的安慰，反而是个过于醒目的标签。"以名乱实"最终只是乱了名和思维，而事实还是事实，未曾改变也无法改变。

名词所指的事物，如此这般的x，并不因名词而存在，也不因为摹状词"如此这般"就真的如此这般。名词只是个符号，其语义在知识论上只是一种假设，而不是一个证明，相反，是需要被证明的概念。从奥卡姆剃刀到罗素的摹状词理论和蒯因的"存在论承诺"已经说清楚了这个事情，无须多论。可以说，名词的所指在存在论的意义上都必须加上"假如"，即"假如有如此这般的事物x"。如果省略了"假如"，就可能产生伪问题，就会以为给名词加上问号就等于产生了一个存在论的问题，比如，存在是什么？逻辑上的答案是重言式的"存在即

---

[1] 这个例子有真实原型。我曾经问某精神病院的院长，如果不用听不懂的专业术语，在本质上到底什么是"精神病人"？院长思考良久回答说："与众不同的人。"这不是笑话，其实我们很难想出更高明的定义。

存在",不可能从"存在"本身分析出更多的意义,问题即答案,所以没有知识论的答案,因此,存在是什么,是一个伪问题。"存在"实际上是一个语法功能,不是一个思想问题。

名词不能证明实在,而动词创造事实;名词并不必然蕴含问题,而动词却一定产生问题。动词意味着变化,意味着发生了一个操作而把一个存在状态变成另一个状态,而变化就已经提出了问题,于是有理由追问为什么、凭什么、怎么办、接下来怎么办。就"思想语法"而言,问题不在名词里,而在动词中。不去反思就解决不了的问题归根到底事关"做什么"和"怎么做",而不是关于"有什么"和"是什么"——那需要知识的描述,却不能反思,因为无从反思。有何物或是何物的问题必须由知识来回答,不由我们做主,我们没有资格去反思(上帝可以反思,如果上帝愿意反思的话),而做不做某事或如何做事,是我们自己决定的事,所以必须反思。因此,关于事物的问号终止于描述,那里有知识的答案,但尚未形成哲学问题。

哲学的问题始终粘贴在动词上,动词的下一步还是动词,是无穷过程,这意味着不存在一劳永逸的答案。更根本的是,动词的核心问题是创制。创造的对象是至少两种以上的可能性,在理论上是无数可能世界的集合,因此始终面临时间的分叉,或道路的分叉,或可能性的分叉,哪一种可能性更好,这是永远困惑的问题。形成知识是一个收敛过程，在约束条件下，知识最终能够收敛为别无选择的真理，与此相反，创造是分叉过程，每个分叉又意味着更多甚至无穷的分叉，可能性的分叉是创造的宿命，而对分叉的反思则决定命运。布里丹之驴是关于可能性抉择的一个意味深长的典故，这个故事说，面对着两堆一模一样的草料，蠢驴始终无法选择而饿死了。我愿意重新分析这个隐喻：布里丹之驴本来已经到达了选择的最佳境界，即每种可能性都一样好，因此，任意一种选择都是最好的，但蠢驴误读了选择的目的，以为选择就必须认定其中一个是更好的，选不出来就毋宁死。[1]生活中确实偶尔有幸运时刻，所有选项都同样好。这是停止反思的时刻，事实上难得一遇，因为动词总是制造新的难题。

　　动词思维把思想的问题只落实在动词上，跟随动词去思考，拒绝"名过于实"的诱惑，动词干什么，就去反思什么，动词到哪里，思想就到哪里。不能还原为逻辑和语言学的真正哲学问题都与动词有关，都是对人类创制行为的反思，尤其是对人类所创制的存在秩序的结构和基础设置的反思，包括语言、观念系统、方法论（逻辑和数学）、知识系统（科学、人文与社会科学）、价

---

[1] 如此分析的灵感来自一个真实事情。某年高考有一道语文的选择题，必须在4个选项中选出1个最好的。其中有两个选项是："兴高采烈地"和"兴致勃勃地"。在我看来，两个一样好，但被要求必须选一个。这是布里丹之驴的现实版。

值系统、政治制度、法律、伦理、艺术。人类把思想的秩序加于存在之上，人类的所有伟大成就在此，但所有困境也在此，所有需要反思的问题也都在此。人类创造了存在的秩序，其合理性或可靠性并无先验真理为依据，就是说，秩序的基础并非预先或先验的真理，而始于解决某种问题的创意，因此，秩序的基本概念、基本假设、价值观和构造方法都并非普遍必然，对观念基础的反思失去了知识的参照系而形成了自反性的思想。凡是进入思想自反模式的问题都是哲学问题。

发明逻辑的亚里士多德可能是发明知识基础的第一人，康德则全面反思了知识的基础——被休谟逼的，对知识基础的怀疑莫过于休谟。康德相信，生成知识需要一些真正可信的"范畴"，用来生成判断，没有判断就没有任何知识。作为判断依据的"范畴"却不是三段论之类的形式规则，而是比推理更基本的判断性概念。范畴不是形式性的，而是实质性的，所以能够产生知识。康德试图确认范畴是先验的，先验性几乎等于普遍必然性或真理性，这样就能够保证知识具有可信的实质。先验论很有用，但不够用，存在若干疑点。

先验论不能证明自身是先验的，就是说，先验论无法自证所设定的先验系统本身是普遍必然的，更不能证明自身是唯一正确的知识论，即使利用先验论证也不能必然证明这一点。[1]先验概念应用于经验的普遍性并不等于证明了系统自身的必然性，在逻辑可能性上无法排除替代方案，比如无法排除外星人另有不同的思想范畴系统，很可能比人类高明得多，甚至人工智能也可能发展出与人类有着差异的思想范畴，即使在人类内部，也无法排除另一种先验系统的可能性。这意味着，先验论的思想范畴缺乏对其唯一性的证明，因此，思想有可能是另一个样子（博尔赫斯就想象过不止一种"其他可能的思维"）。

另一个疑点是，先验论无法证明设定的先验系统具有充分或完备能力。或许一个先验系统对于经验似乎总是有效，但不能以有限经验反过来证明所有可能的经验都必然预设了那个先验系统的普遍有效性，两者之间有着距离，是无穷性与有限性的差距。在这个意义上，康德没有能够解决休谟问题，康德的先验论仍然弱于休谟的怀疑论。普遍必然性是全称，而全称的经验意味着无穷性。对于无穷性，先验论绝无把握，不足以自证自己对于全称经验必然有着普遍有效性。逻辑规律是最标准的先验原则，可是排中律就并非对所有和任何情况有效，比如对于非能行构造的命题，排中律就并非必然有效；

---

[1] 先验论证非常有力，但并非万无一失。先验论证是从归谬法派生出来的，归谬法在逻辑上似乎是正确的，但数学已经证明了归谬法不是必然保险的方法。数学的能力强于逻辑，因此应该相信数学。

矛盾律比较坚实一些，但也未必普遍必然，在量子现象那里就会令人迷惑；即使最坚实的同一律，也并非完全没有疑问，在高维时空（五维以上）那里就未必如此，或至少需要修正表述。逻辑是静态的，用于思考动态的事情就有局限性。对于这些涉及普遍性和必然性的问题，哲学恐怕不能给出定论，还是有待数学和物理学的判断。再重复一遍，哲学能够反思的是可能性，不是必然性。

逻辑和几何学对欧洲哲学影响至深，其构造方法成为建构可信知识的榜样。知识论理想主义的极致是公理法，即：选定有限的基本概念来定义论域；选定有限的演算规则以便必然生成合法命题；根据基本概念和演算规则，直接获得一些"自明的"公理，剩下的所有真命题或定理都能够必然地推出。如此完美的理想系统虽非哲学所能，但肯定是古典哲学心目中的真理模板。然而这个真理模板要求太高，不仅哲学做不到，科学也做不到，无懈可击的真理只存在于逻辑学和数学里。这个事实暗示着，除了纯粹形式的真理，未见实质性的绝对真理。也许不敢说实质真理肯定不存在，假如有上帝，就会有实质真理。估计想到了上帝的莱布尼兹提出了一条逻辑学不愿接受的"逻辑规律"：充足理由律。满足充足理由律的命题就是实质真理。为逻辑学家所嫌弃的充足理由律的确不属于逻辑规律，而是一条存在论定理，它迂回地提示了，人类创作的事情都缺乏充足理由，上帝才有充分理由。人类创制秩序不是为了真理，也不存在关于秩序的先验真理，人创制秩序，即使深思熟虑，在某种程度上也仍然是盲目的，因为不可能事先知道其后果，更无法预料连锁继发的长期后果，但事情做成了就创造了一个历史性的既定事实，这个事实形成了之后必须继续解决的问题，而对问题的有效解决就形成了某种后验真理。这意味着，生活世界没有先验真理，但人类通过创造事实而创造了并非普遍必然的后验真理，所以说，创制先于真理。与人类不同，对于掌握充足理由律的上帝，创制即真理，两者完全重叠。人类的基本困惑就是创制缺乏充足理由，在创制与真理分离的情况下，只能创制先于真理，所以人类的存在方式无法消除赌博性。

动词哲学并不排斥名词，而是以动词去理解名词，其视域围绕着"造事"（facio；to do/to make）。名词思维关心的事情或是"所看"（知识论），或是"所听"（神学），或是"所思"（现象学），或是"所说"（分析哲学或解释学），这些重要问题归根到底要由"所做"来说明。存在就是去成为一个动词，在动词中实现存在，只有动词能够改变存在状态，这意味着存在论优先于知识论。即使在知识论里，看、听、思、说也都是动词，正是看、听、思、说的动词决定了所看、所听、所思和所说。显然，动词优先于名词，而且决定了名词的值域。对于人类而言，"任何一种可能的形而上学"（借用康德句式）与形而下的实践值域是一致的，存在论与创世论是同一的，其根本在于解释"动词"如何创造"名词"，解释如何创造秩序、观念和历史，解释人类如此创制语言、制度、法律、伦理、国家、历史、科学、技术以及精神世界的理由、意义和价值。

动词有着具体性，一个动词无法单独说明一个事情，更无法说明事件的无限链条，因此动词哲学不承认普遍一般的先验原理或先验概念，而要求方法论的在先性。看法必须落实为做法，名词必须落实为动词，否则无法证明其意义和价值。名词思维按照语法－逻辑概念系统去思想，顺着逻辑阶梯就很容易（太容易）走到想象的普遍原理，那里只剩下纯粹概念，什么事情也没有发生。逻辑空间里没有事情，对于逻辑来说，纯粹思想空间是美景，对于哲学却是荒野。即便把存在、世界、心灵、时间、必然性、经验诸如此类的概念定义得绝对清楚（其实做不到），也没有解决这些问题，只是编辑了一部哲学字典，这只是哲学的准备工作，何况哲学一直在编辑的"字典"尚未成功也未必能够成功。

奥古斯丁早就发现，像"时间"这样的基本概念就说不清楚，事实上至今也说不清楚。说不清楚的概念似乎远多过能说清楚的，而真正重要的概念就更不清楚，例如因果，至今没有完美定义。哲学搞出来的定义往往似乎很厉害，但就是无用。这个坏消息听起来骇人听闻，但真相如此：并不是哲学家的教导才使人们学会了时间、世界、因果和永恒的概念，人们更不是由于哲学家的启发才有了真假善恶的价值观,相反,基本观念是生活的原生构成部分,哲学只是"引用了"那些基本观念。生活是动荡的,观念也是动荡的。

可以讨论两个例子。大多数人实际上都相信事物是客观外在的,这个平常信念被提升为哲学观点,就变成了客观主义。于是引发了与之争论的主观主义,万物皆经验,似乎也能自圆其说。客观主义和主观主义在哲学中或许值得一争,但在生活中,却不重要。无论客观主义还是主观主义都不能改变必须要做的事情,该做什么还做什么,该怎么做还怎么做。主观主义的科学家和客观主义的科学家发现的科学原理是完全相同的。这说明,许多哲学观点对于科学是多余的,也不是思想的必要变量。换另一个例子,按照形而上学观点,事物是必然的或偶然的,但这个观点的参照系是非常有限的人类经验知识,因此世界显得如此。假如参照的是"上帝视域",上帝浏览了无穷多的可能性,把所有变量计算为一个无遗漏的系统,那么任何事情都是必然的;或参照科学视域,事情如此发生,我们看到了概率,但无法推论说事物本身是必然或偶然的。科学或日常经验都是有用的,唯独"深刻的"哲学观点反而无所说明,这样的哲学一定出了什么问题。

在此可以发现一个后分析哲学的思想真相:即使澄清了所有名词,仍然尚未进入哲学问题,哲学仍然在起跑线上,我们仍然难以判断哪一种制度更合理,哪一种权利是普遍正当的,哪一个观念系统是真正可信的,或哪一种生活方式更有利于人类存在。在认识者视域里,哲学苦苦研究真理,然而惊人的事实是,有了逻辑、数学和科学之后,真理就不再稀缺,假如需要的话,真理可以无穷供给。"秘诀"在于:只要给一个陈述增加足够多的限制条件,最终肯定能够把它限制到必然为真,但同时也失去思想价值,比如"此时此地我正在说这句话",虽然为真,却是废话。当所有命题都通过增加约束条件而变成真命题的情况下,名词视域里的哲学问题就几乎消失了。分析哲学就经常使用"增加约束条件"的技巧,这个技巧能够点铁成金地使每句话都变成真命题,但结果是,思想问题消失了,说清楚了就没什么可想的了。

我相信存在这样一条思想定理:命题的真理性与约束条件的增加成正比,而其思想性与真理性的增加成反比。当一个命题通过约束条件而变成绝对真理,可信度达到极值,而思想性缩水为零。这条定理也可以表达为:如果一句话的约束条件趋于无穷大,这句话就无穷逼近真理;如果一句话的约束条件趋于无穷小,这句话就无穷逼近假话。比如"万物归一"、"万物皆在吾心"、"世界的本质是精神"或"世界本质是物质"之类,这些话语几乎没有什么约束条件,因此非常逼近假话。这似乎暗示哲学只能在"错误之中"去思想。但更准确的说法应该是,哲学在"真理之后"去思想。一个事情只在说清楚了之后仍然是未决状态才形成哲学问题，所以当思想在"看见什么"和"说了什么"之后转入"创制什么"以及"如此创制是否合理"时才进入了存在论的疑问，或者说，即使所有名词被澄清后仍然未被触及的动词问题才是哲学的疑问。

名词思维通过澄清名词的意义而为思想准备了"地图"和"字典"，而动词思维才开始真正的反思。当"所思"指向"所为"，名词落实为动词，才抵达存在的本源。不能被动词所解释的名词是虚拟的，不属于存在论，或属于文学和诗。当存在实现为行动，就开启了动词思维，并在创造者视域里展开为创世存在论。存在有着多重展开方式，从数学和逻辑里的一般存在（to be）到物理或生命的实质存在（to exist），再到创造者的造事而在（to do/to make），其中只有造事提出的问题属于哲学。动词蕴含苦难和艰辛，蕴含开天辟地的创造，蕴含成功和失败，蕴含秩序和失序，蕴含不可思议的事情，蕴含不加反思就可能会死的问题。没有苦难和困惑的事情不值得反思，人类的存在主题一直都是包含苦难和困惑的未来，存在论研究的是已经沧桑而仍然奋不顾身进入赌上未来的动词。

{十}

哲学语法和动词逻辑

语言的发明是人成为人的临界点,有了语言,一下子就有了世界。在发明语言之前,人只能经验到一个接一个的事物,尚无万物皆在秩序中的"世界"意识。自然本身是否有序,尚未确知,但我们确知生活有秩序,首要的秩序是语言,语言把万物组织在一个称为世界的系统里,所有事物都具有了同一个形式。在文明演化史上,没有比语言更伟大的发明了。

人自然而然会崇拜语言和文字,在文明早期,语言具有神性,是生活中最严肃的事情,所陈皆实情,语言即诺言,甚至语言即世界。用语言来说谎和欺骗是语言的堕落方式,那是生活和社会发展到相当复杂程度才出现的事情。赫拉利有一个"八卦理论",认为早期语言的主要活动是闲言八卦,造谣传谣。[1]这个过度想象的猜想

---

[1] 赫拉利:《人类简史》,林俊宏译,中信出版社,2014年,第24—25页。

恐怕不可信。如赫拉利所强调的，语言确实具有强大的虚构功能，但早期文明那些虚构的事情在人们心里是当真的，早期语言里的怪力乱神或神奇事迹都被当成真实的事情，否则不会有宗教和迷信，因此，早期语言并非故意虚构，相反，人们严肃甚至敬畏地表达了那些信以为真的事情。关键是，假如语言一开始就是谣言和谎言，就不可能建立具有可信性的信息交流、知识积累和传播，那么语言就不可能发展为公共思想形式，最多成为某种秘传暗语。换句话说，在文明初期，语言意味着证据，语言等于真理，如果没有可信性、公共性和权威性的起点，语言不可能成功和成熟。

我们不知道真实世界有多大，但知道语言世界无穷大。语言空间甚至大于逻辑空间，逻辑空间可以容纳无穷多的可能世界，而语言能够容纳甚至更多的无穷多可能世界，即语言还可以容纳那些不合逻辑或自相矛盾的事情，所以语言蕴含的可能世界比逻辑的可能世界更多一些，就像无理数的无穷集大于有理数的无穷集。"我正在说的这句话是假的"（改进版的说谎者悖论）会让逻辑死机，但语言泰然处之。比逻辑多出来的语言空间属于诗。在逻辑加上诗的坐标里，语言无所不能，几乎具有接近上帝的全智（omniscient）。人对语言空间有着一览无余的感觉，类似莱布尼兹想象的上帝面对无穷多可能世界的感觉，于是语言使人类心智爆发，野心勃勃，目空一切，自以为是，产生了被称为想象的不靠谱想法。正是语言无所不包的视野和表达能力鼓励了人们产生许多僭越真实世界的哲学观念——语言能说什么,就好像真的有了什么。

假如问"要不那天干那个什么行不行",这个全是代词的问题无法回答。含义不完整的语句只是说了"话"却没有说到"事情",不少哲学问题也是如此。宇宙是有限的还是无限的,曾经是个哲学问题,康德指出是无解的,其实是问题不清楚。物理学可以清楚地表达这个问题,然而哲学不会满足于科学的解释,这就比较有趣了。按照霍金-彭罗斯理论,"我们的宇宙"是有限的,可是哲学想知道的宇宙不是我们身在其中的这个宇宙,而是包含所有存在的那个绝对空间,于是,在我们的宇宙之外是否还有别的存在,就成为一个哲学"问题"。语言引诱我们去想,有内就有外,如果宇宙有内部,就有理由追问宇宙的"外面"。但在物理学里,宇宙"外面"无意义,因为宇宙只有里面,不知道外面应该如何理解。即使宇宙外面还有另一些宇宙,也仍然只有"里面"。所有宇宙的绝对"外面"的可能世界在逻辑上可以有,但不是有意义的问题,因为没有任何经验方法来提出这个问题,甚至无从提起。一个问题的意义在于提出问题的方法,在没有方法的地方,问题也不存在。哲学想象的宇宙其实不是物理学的宇宙,而是逻辑的绝对空间,在任何意义上都无边无际,是全方位的潜无限。科学谈论的宇宙是某种存在方式所定义的实际物理空间,是有边界的无限，即实无限，无论多么奇怪，都是真实存在。哲学的宇宙却不是真实存在，只是一个逻辑坐标，这个坐标只是功能性的，不构成能够研究的问题。

语言至少有两个空间，一个是语言的先验空间；另一个是语言的经验空间。语言先验空间意味着任何一种功能完备的语言所共有的语言能力。所谓功能完备是指，一种语言能够言说任何事情，而且其语法和构词能力使之足以翻译和解释任何其他语言的任何表述，或者说，一种语言足以映射其他任何语言中的任何表述。这里的翻译并不是说一种语言能够在另一种语言中找到完全对应的词汇，也不能保证转达另一种语言的文学性，仅仅是能够表达出另一种语言所表达的在逻辑上可以理解的意义。假如说语言先验空间与哲学的抽象宇宙概念有点类似，那么语言经验空间就与科学上的真实宇宙有些相似。语言的经验空间有着历史性、文化性和文学性，有着特定语境和实践性意义而构成了思想现场，其中存在着部分不可翻译的意义。语言先验空间的存在论是逻辑，而经验空间的存在论是历史，语言的两个空间只是功能性的区分，事实上在自然语言中是叠合为一体的。

语言内部两个空间的融合意味着，对于分析语言的思想性意义，逻辑最重要但不够用，还需要"哲学语法"。这是来自维特根斯坦的概念，不过这个概念的含义并不很清楚，对于维特根斯坦本人，似乎也仍然是一个有待探索的概念。含糊地说，哲学语法大概是一个观念何以具有思想性或何以成为一种合理思想的规则，尤其是一个问题是否能够成为一个在思想上有意义问题的条件。目前还无法给出哲学语法的规则列表，我相信名词与动词的有效思想关系应该是其中需要研究的一个规则，孔子的"正名"原则可能是最早的一种规则。

如果某个名词的"存在论密码"与某个动词的"存在论密钥"形成对应，就定义了一个存在，就能够被讨论。假如对不上，就意味着有的名词没有相应动词来实现其存在，只能在语言先验空间里"存档"备用，就仅仅是表达了某个概念而没有表达存在。这里的"存在"不限于事实存在（actuality）或现实存在（reality），也包括属于某个可能世界的虚拟存在，就是说，只要有一种动词性的方法构造了某个可能世界的存在，那也是一种存在（比如《西游记》是一个可能世界），相当于一个名词有其相配的动词，就成了存在。

动词就是存在的密钥，没有动词来解码的名词是无意义的。没有相配动词的名词就是有名无实，或者说，如果没有证明其存在方式的动词，就仅仅是一个纯粹的名词。通常指派给上帝的动词是一般现在时的"存在"（is），但这个动词的所指是空集，是没有落实为行动的动词，就是说，is是一个无动作的伪动词，只有语法功能，却无实际意义，"上帝存在"（God is）的含义等值于"上帝"，is并没有增加上帝这个名词的信息量，因此is在思想上是多余的。在逻辑语言里就确实可以省略"存在"

（is），p等于p存在。可见抽象一般的"存在"是一个逻辑上的冗余量，只是某些自然语言（比如欧洲语言）在历史演化中形成的语法功能，在理想的或逻辑化的语言里，完全不需要is。如果不是说"上帝存在"而是说"上帝创造世界"，就有了实质性的动词，也就有了故事，有了无法省略的意义。

在逻辑语言里，标示某个（某些）事物的"存在量词"或所有事物的"全称量词"也不是表达"存在（is或are）"而是表达数量。而且"至少存在着x"也不是完整的陈述，必须加上关于x的限定描述才形成意义，比如"x是条狗，棕色的，25公斤，3岁，什么什么种类，王家的，此时跑到李家，打破了李家的花瓶……"。确定某物x所需的摹状词（descriptions）约相当于"简历"或事迹，不需要关于x的所有细节（也做不到，细节是无穷量），但需要足以确认x的关键信息，至少需要关于x的时空定位和动词定位，其中绝对不可省略的是动词定位，动词是对一个存在如何存在的根本说明，严格地说，动词必定连带时空。

名词不是思想的最终对象，而是思想对象的索引。事实上只存在一个个的人，并不存在"人"。人是任何人的索引。人人都理解这个情况，令人惊奇的是，哲学家反而会把语言的索引误认为思想的对象，尤其是把最大的索引当成了最大的对象。如果把索引当成了实在，就是思想的大屠杀，"存在"杀死了每一个事物，"人"杀死了每个人。分析哲学用逻辑来治理语言，意图没有错，却没有获得预期的成功，治理的结果只剩下逻辑，语言几乎没了，思想也所剩无几，这个思想事故需要一个解释。名词不仅误导了思想，也限制了逻辑的展开。逻辑的长项是分析名词，却拙于分析动词，也就难以解释存在如何存在。缺乏分析动词的能力使得逻辑不能完全地分析语言。

反思自然语言需要使用逻辑语言，但自然语言的值域却比逻辑大得多，或者说，自然语言能够表达的事情比逻辑多得多。正是这一点让人疑心逻辑语言尚未完成。请允许我提一个不知道是否得当的疑问：现在通用的逻辑在本质上是"名词逻辑"，尽管逻辑语言里没有多少名词，仅有若干名词性的个体变元，却仍然是以名词为本的一种逻辑语言，即用来解释名词的逻辑语言。逻辑语言的核心词语是联结词，即关系词，用来表达任何以"名词"（个体变元）为核心的命题关系，却明显缺乏解释动词的能力，唯一的"动词"是蕴含（互相蕴含由蕴含来解释，是非独立的派生动词），显然有理由怀疑丰富的动词关系是否可以全部还原为蕴含。可见，逻辑语言解释名词的能力极强，但对动词的解释能力却很薄弱。这样就很难准确表达存在的动态性、丰富性和复杂性。

现代逻辑学也意识到蕴含的局限性，尤其是实质蕴含（最基本的蕴含）的分辨力不足，只能表达真值的传递性，却不能表达意义的传递性，这样的话，一方面，逻辑的生产能力变得太强，什么离奇的事物都可以合理地生产出来，比如说，2+2=4蕴含"太阳每天升起"，对此物理学家就未必同意，这还不太离奇。居然2+2=22也蕴含"太阳每天升起"，这就很离谱了，对此上帝恐怕也未必同意。另一方面，逻辑的识别能力又未免太概括或太粗糙，如果推理、因果、创造、演化等一切变化方式都用蕴含来表达，这不仅是过于简化，恐怕是删除了存在的实质意义。逻辑学家又发展了若干约束增强的蕴含概念，但仍然不足以解决问题。那些"蕴含怪论"在逻辑里并不怪，然而把因果关系归入蕴含却是真正的疑点，这不是合并同类项的事情，而是消灭了因果关系，逻辑可以改变存在论吗？对此难免良心不安，很对不起上帝。逻辑学家不喜欢充足理由律，但上帝一定喜欢。

逻辑导致的存在论事故归根到底是因为逻辑局限于以名词为本的形式研究，这意味着，逻辑的存在论限于名词而小于语言的存在论，在此，逻辑限于名词思维而错过了动词思维。在名词思维范围内，逻辑的存在论经过现代改进已近乎尽善尽美了。原来亚里士多德逻辑的存在论结构，即主语-宾语结构，把一切发生的事情都理解为名词的"属性"，在此假设之上，一切推理就看上去都属于三段论了。但事实并非如此，同样多甚至更多的推论是传递性推论，或数学式的推论，因此，现代逻辑修改了逻辑的存在论假设，把"属性"都改为关系函数，这就非常合理了，然而仍然受限于名词思维，尽管已经是最好的名词思维。在xRy的关系中，仍然是作为名词的个体存在x和y决定了关系R。这种存在论与真实存在不一致，与量子力学也不一致。在真实世界的存在论里，往往是关系R决定了x和y的存在状态，而不是相反，因此关系R具有存在论上的优先性。关系也有动词性和名词性，动词性的关系比如"创造、生产、因果、影响、复制"等显然比名词间的关系比如"属于、大于、小于、先于或等于"等更说明存在的状态。

人们对逻辑怀有巨大期待是因为逻辑有能力最大程度地接近人类理性，我们又指望理性能够充分解释存在。假如逻辑还需要某种突破，那么是否可能发展一种"动词逻辑"？可用来解释具有不同构造能力的动词，进而可以解释存在的复杂变化，即x如何变成y或x如何生成y。到现在为止，我们依靠数学来解释"变化"关系，但数学只是解释了量化的变化，因此或需要发展一种动词逻辑来解释非量化的问题。对于这些问题，我也自我怀疑或许想多了。罗素试图把数学还原为逻辑的努力虽然失败了，但这个想法本身是一个伟大的创意和启示。既然还原此路不通，那么是否可以建立数学和逻辑大统一？类似相对论和量子力学的大统一计划。假如数学与逻辑的大统一是可能的，就不是一个"还原"的计划，或可以是"合成"的计划？不得而知。逻辑的局限性在于限于名词逻辑，假如能够发展出动词逻辑，是否会明显地增强逻辑的能力？我不知道，猜想而已，或许是错的，但没有一种想象力是多余的，仅供参考。假如动词逻辑是可能的，逻辑就有能力表达存在的动态变化，就可能与自然语言达到一致，逻辑就真的能够成为全面反思自然语言的元语言。

{ 十一 }

人类的先定不和谐

如前所论,任何一个观念系统,甚至整个文化或文明系统,都建立在一些并非必然的基础观念之上,而所有观念都是怀疑论的对象,尽管人们一般情况下不去反思文明基础,但如果反思,大多数基本观念都经不起质疑。传统哲学一直怀有热情试图发现"绝对的"思想-知识基础,逻辑学和几何学鼓励了这种梦想,但事实上大多数观念系统都是自身不一致、不完备、不协调、自相矛盾或漏洞百出的。我们容忍可疑的基本观念,因为暂时找不到而且也不容易找到更好的观念。基本观念是其他观念的理由,但自己是自己的理由。既然基本观念终止了理由的无穷倒退,就只能自我证明。自成理由就已经说明了基本观念是缺乏充分理由的创制,在此只有令人困惑的创世论问题:观念或秩序的创制意味着思想必须为自身奠基并同时自我证明。我们以不同方式不断重复言说这个问题,是因为所有的问题线索都通达这个问题，没有别的地方可去，这就是人类的作案起点。这个自相关的难题或许永远不能解决，类似于维特根斯坦所说的"捕蝇瓶"，在其中思想找不到出口。

虽然科学也不能直接自证其基本假设，但只要是求证真理性，就不是无解的问题，再难也并非无法解决，因为真理的疑问必有答案。在无法直接证明的情况下，科学可以把证明化为长时段的验证过程，通过重复验证来形成无限逼近必然性的试错–纠错过程，试错经验主义被描述为"证实论"（传统经验论）或"证伪论"（波普尔）。对于科学，时间站在真理一边，时间即证明。当然，科学未能完全摆脱形而上学的负担，仍然不得不使用某些含糊的形而上学概念，比如整体、真理、必然性和因果性等等。尤其是全部科学都建立在因果概念之上，因果解释虽有不断的推进但至今尚无充分解释。新近进展是埃里克·赫尔（Erik Hoel）的"因果涌现"理论，解释了达到一定规模的整体就可以"粗粒化"地涌现近乎因果的高度相关现象。这个理论十分有趣，不知道在多大程度上是对因果的有效解释。总之，残留的形而上学负担对于科学不是严重问题，科学的对象具有足够的稳定性，这一点决定了时间站在科学一边。

与之相反，人文观念（包括社会科学在内）完全没有科学的那种客观优势。人文观念的对象缺乏稳定性，其对象是有着自由意志的人、有漏洞的制度和活泼的社会，理性行为混杂着非理性行为，所有的偶然事件都可以导致失控，几乎没有可预测性。人文观念更根本的困难是，人文观念需要自证的不是真理性，而是价值上的最优可能性。可能性是个无穷量，这意味着不可证明。因此，对于人文观念，时间未必成为证明，相反，时间更可能颠覆观念。一种人文思想，或价值观，或宗教，或政治制度，即使长时间存在，甚至至今存在，也未必能够证明就是好的，完全有可能在未来变成一种失败的观念，而与时俱进的最新观念也未必是好的，同样需要未来的证词。无论当代有效还是长期有效，都未必能够证明人文观念的合理性，未来永远是更重要的证明。时间未必站在人文观念一边，但也不是对立面，而是反复无常的证词。

不过，长时段的可持久性至少是一个可参考的重要指标，虽然不足以证明一种观念或制度是最优的，但至少证明了这种观念或制度具有久经考验的"鲁棒性"（robust），而鲁棒性肯定好过脆弱性。但比较复杂的事情是，人文价值超出了存活性的概念。如果比较谁更能活，那么，水母、蓝藻、蟑螂和老鼠都比人类更具鲁棒性，其"历史"长过人类不知多少。这种比较之所以无意义，是因为人类的存在方式是非常复杂的系统，有着简单系统所没有的需求。一种足够复杂的存在，比如文明系统，如何才是更好的，显然鲁棒性是一个基本要求，但还需要鲁棒性之外的更多证明。可是人类自己甚至无法定义什么是好的，这是最根本的难题。生活本身是创造性的，不断创造新问题和新条件，既然"生活造型"不确定，"思想造型"也就不确定，所以未来性是价值和意义之所在。

据说理性是人之成为人的本质，也是人类解决所有难题的希望，但理性始终是个悬念，我们并没有理性的理由来确信理性真的能够为人类存在建立合理的秩序，只能说，没有比理性更可信的能力。这里有个令人不安的疑问。人是自然的一部分，在生物学上服从自然规律，并且以自然为生存的资源、环境和条件，这意味着文明系统是自然系统的一个内在部分，是一个子集，但是理性却超越了自然而建立了与自然不同甚至与自然之间有着某些矛盾的理性秩序。这种脱离自然"母体"而建立新秩序的理性能力证明了人的超越性，却未能证明理性秩序具有超越自然的合理性。就是说，仍然无法证明理性秩序足以自行其是，不能证明理性自身有充分理由来定义合理性并且自主设计"自己想要的"秩序（康德式的为自然立法），甚至未能证明理性自身具有一致性（consistency），相反却有证据证明理性能力是有限的（无法认识无穷多可能世界）。因此，理性不能保证自身不犯错误，也不能保证理性选择都是最好的。"天人合一"是一个具有反思性的重要命题，意味着古人似乎意识到了人的系统只是自然系统的一个子集，但"天人合一"几乎是空话，所有概念都是不清楚的，天、人、合一都无明确的意义，就像 $x+y=z$ 一样抽象，是否正确有待具体内容。

自然是自身协调的，自然本身没有错误。以至今尚未达到大统一的科学观点来看，还未能肯定自然系统是否有着必然而统一的演化方式或规律，可能有，但还不能排除自然是一个偶然而无序的存在；从神学化的形而上学来看，最理想主义的想象是莱布尼兹的"先定和谐"系统（predetermined harmony），即宇宙有着内在一致性和完备性，简直相当于一个完美的数学系统，据说这是上帝肯定会选中的最好可能世界，论证很合理，应该是理性的选择（不知道上帝是否也用理性）。虽然先定和谐的宇宙无法被证明，却是反思人文世界（或历史世界）的一个理论参照系，可以显眼地反衬出人类世界的不完美。人类是不完美的创造者，不可能创造完美的秩序，因此，人类创造的秩序都是"先定不和谐"的。在这个意义上，哲学的根本问题就是人类如何反思和修正自己创造的"先定不和谐"的人类世界。

理性有限而不充分，人类没有能力预览所有可能性，所以观念或制度的创制都是赌博性的冒险，无法预料不确定、不稳定、不断变化的生活会如何导致制度失灵，即使偶尔事先认识到会出现什么困难，也往往一筹莫展，这是因为，不仅制度会失灵，而且制度本来就不灵。按照博弈论，所有制度或秩序都是稳定的博弈均衡的产物，如此看来，制度似乎是集体智慧的产物，殊不知这个博弈性质在另一方面也说明了所有秩序的创制都只是特定语境下的发明而不是普遍真理，因此也很容易被破坏或落后于新的实践。制度都不是超时间的，因此总是落后于时间，事实表明，始终在寻找制度漏洞的实践总是走在制度前面。当思想创造的生活成为思想的对象，这种自相关性导致对事实的认识与对事实的创造在互动中互相干涉互相影响。思想以自身为对象，这个自反性的问题达到了知识的极限，没有终极真理，只剩下创造的困惑。

创造者是存在的自反形式，即创造存在的存在，因此，人类的创造并没有一种在先的存在论，人类的创造性存在方式为自己选择了以"变在"（be-coming）为基本概念的变在存在论。变在意味着存在的复杂化，人类生活的复杂性或许超过了当代复杂科学所研究的复杂问题，其复杂性、不确定性、不稳定性、不可预测性等价于或超过地震、气象、气候、传染病乃至宇宙、演化、生命、大脑。生命是最复杂的复杂问题，而文明也是一个生命系统。这不只是比喻，如果不限于蛋白质概念，文明就是一种生命，所有复杂问题都具有"一个或所有问题"的互动格局。

关于人类存在的复杂性，似乎有一条元定理，应该归为《周易》的发现，可以现代化地表述为：无穷变化形成无穷问题。《周易》以变化为初始概念来解释存在论，因此提示了一种关于"变在"而不是关于"恒在"（being）的形而上学。这两种形而上学各有惊人发现而解释了两个完全不同的世界，研究"恒在"的形而上学发现了必然性，研究"变在"的形而上学发现了可能性，因此，以"恒在"为基本概念的形而上学解释了纯粹的逻辑世界，而以"变在"为基本概念的形而上学解释了不纯粹的生活世界。《周易》早就意识到存在都是"变在"，是令人吃惊的，这需要把不正常的变化视为存在常态的超常意识，而古希腊（巴门尼德）早就发现"恒在"就更令人吃惊，要看到看不见的"不变存在"需要不正常的眼光。"变在"意味着每个事物都是不确定的变量，只有动态关系才是唯一当然的存在状态，只能由"动"去理解"静"，没有一个事物就其本身而具有确定意义，每个事物都同时是自变量和因变量，同步或共时地制造了无穷多的问题，而对问题的解决也是制造一种新的变化，也就同时制造了新问题。最关键的是，在无穷的变化链条上，能够达到的任何最末一环永远都是未决问题，因此，人类存在的基本状态永远不是真理，而是无解的问题。

更令人失望的是导致生活无解性的另一条元定理，即他人不同意。这也是人类生活的一个初始而永恒的困境。生活里从来没有一件人人同意的事情，"全体一致"（unanimity）是不可能实现的理想。他人不同意产生了一切无解的分歧和冲突，这个事实说明人的问题甚至比宇宙更复杂。宇宙并无自由意志，尚且充满不确定性。人有自由意志，相当于存在着大量故意不合作的自变量。

在如此混乱的条件下，人类得以存在和发展是一个奇观，主要得益于具有"减熵"作用的政治和经济制度、法律、伦理以及各种规则，于是人类十分壮观或悲壮地生活在减熵和增熵的交织状态中。

人类文明似乎有一个悲剧性的先验定数：所有可能发生的坏事都是可兼容的，而所有可能期望的好事却未必可兼容，事实上经常不兼容，因此坏事比好事更容易存在。这似乎暗示人类无望逃脱"增熵"的命运。人类建立的所有秩序都在拼命为文明"减熵"以便存在下去，但就秩序、结构和能力而言，人类文明非常脆弱，自然灾害、传染病、战争、经济危机、金融危机或技术失误等任何失序都可能导致致命的灾难，这说明人类文明缺乏高度的鲁棒性（robust），不足以抵抗失序。人类的真实存在状态自古至今始终是苦难和危机，而不是幸福或和谐，人类始终存在于生死存亡的危机状态中，没有比"历史的终结"更可笑的判断，但人类或文明的终结却是可能的——人类的终结可能是"砰的一声"，而文明的终结可能是"嘘的一声"（借用艾略特语）。令人惊叹的是，孔子在节奏缓慢的文明早期就敏感地意识到"礼崩乐坏"即文明失序是严重而深刻的文明生死问题。

对秩序的反思必定会提出改制或重新创制的问题。在这个意义上，哲学相当于思想的建筑学。在发现其他智慧生物或超级人工智能成功之前，似乎可以说，反思以及反思产生的自反问题是人类特有的思想性质。自然或许真有某种先定和谐（我们无法证明莱布尼兹的猜想），但人类文明的存在状况与之相反，是先定不和谐的，因此，文明的存在结构是逻辑"颠倒的"，文明建立在永未完工而且永远在修改中的未定基础之上。对于人类这种不完美的创造者，秩序没有恒定基础，精神也没有永远的家园，基础和家园都具有未来性。

{十二}

元 性 质

当认识者视域假定哲学可以"看清"(古典哲学)或"说清"(分析哲学)思想,就预设了思想的基本观念或原理就在那里等待被发现,类似自然规律在被发现之前就存在,之所以没有被看见,是因为隐藏着——古典哲学是这么想的;或者明摆着,只是说错了——分析哲学是这么想的。但认识者哲学难以解释两件事情:(1)据说是"自明的"基本概念或基本命题何以自明?这似乎是落在知识之外的一个问题[1];(2)自明的基本概念和命题为什么是如此这般的组合而不是另一种组合?无论是主观的选择还是存在客观规律,都应该有个解释。比如为

---

[1] 大约在1986或1987年,我以通信的方式向王浩先生请教了几个关于逻辑和维特根斯坦的问题,顺便问到self-evident何以是self-evident。他说self-evident意味着自己就已经是evidence。我又问何以如此,似乎证明不了啊。他就不理这个问题了。我一直觉得self-evidence是不可思议的,也许脑科学家能够解释。

什么选择abc作为基本原理而不是xyz？其中或有知识的理由，但其知识理由并非绝对或必然，因此也包含了超出知识的理由。这种非知识的理由在科学那里或许没有或不太明显，在人文思想或社会科学那里就十分明显了，包括价值观、信仰或意识形态，但信念不是理性合法的答案。这里产生了真正的"形而上学"（原义就是知识之后）问题。如前所论，知识与信念的循环使思想错过了在两者之间被遗漏的另一个思想空间，即创造者的视域，只有创造者才被逼到面临真正没有退路的元问题。

对"元问题"的反思需要元思想，哲学被认为是反思任何思想的元思想。在认识者视域里，哲学是"元知识"，即metaphysics的原义（physics不限于今天的物理学，而是关于外在事物的所有知识）。如此定义的哲学性质如果是合适的，当且仅当，一切创造以及所有真理都属于自然或上帝。这个假定显然不成立，自然或上帝都没有教人创造政治、法律、伦理等一切制度以及相关的反自然价值观——人类创造的秩序和价值观中有不少是反自然的或违背上帝之意，甚至可以说，人类创制的秩序在根本上就有着反自然的性质。文明就是热力学第二定理的一种逆反。冯·诺依曼有一个十分有趣的发现（很抱歉手头没有原文）[1]，大意是：如果一个复杂系统具

---

[1] 来自 Von Neumann, *Theory of self-reproducing automata*, University of Illinois Press, 1966.

有自演化的能力，就能够超越热力学第二定理，即有能力也有意识去主动克服增熵的自然趋势，甚至能够不断改善系统自身，而一个复杂系统要获得这种超自然的能力必定存在着一个演化需要突破的"阈限"或临界点。

人类文明就是一个突破了演化阈限而获得主动抵抗增熵能力的复杂系统。人类的演化"阈限"，即人猿揖别的临界点（其实我有些怀疑进化论，这里接受通常的假设），这是属于生物学、动物学或古人类学的题目，主要研究大脑、发音器官、直立行走、使用工具的进化。如果从哲学的角度来讨论意识变成思想的临界点，我相信是反思能力的形成，后来我推进了这个论证，具体化为否定词的发明，否定词是反思能力的基础，因此否定词是哲学的第一词汇。对于建立文明，没有反思能力是无法想象的，因此，反思能力就是我们寻找的突变临界点，正是反思能力使自然思维变成了具有理性和创造性的思维，于是思维变成了思想。反思先于思想并且造成了思想，这是关键所在。

动物也有"自然思维"或类似思维的意识（取决于如何定义思维），但人在思维之上还有反思，即以思维为对象的思想，于是思维生成了自相关或自反性的元思想，反思改变了自然思维的性质和能力，形成了能够思考任何事物的思想。这里需要特别关注的是，反思超越了信息和知识（这两者动物也有），反思之"所思"不止包括信息和知识，还包括不能还原为知识的信念、假设和价值观，因此，反思与其说形成了"元知识"，不如说形成了"元思想"，这是更准确的哲学定位。哲学的反思一步步把思想逼入了绝境，这却是始料未及的。哲学长期反思的是，什么是真理，什么是善，诸如此类，一直到康德才形成对"整个"思想的全面反思，尤其是对思想本身的能力和限度的系统性反思。这样说可能稍有夸张，在康德之前已有了一些伟大的反思，但康德的反思是真正系统性的。对思想的深刻反思往往使真理陷入严重的危机，但也获得更进一步的真理，例如康托集合论和哥德尔定理。对所思所为只是"稍加"反思的时代，例如柏拉图、亚里士多德或孔子时代，是思想活跃而又相对安全的时代，一旦对所有思想与行为的根据和基础进行反思，甚至是反思的反思，思想就不再安全了。

深刻而彻底的反思可能导致寸步难行。或许人们不自觉地意识到了这一点，因此始终保持着思维中野蛮的、粗犷的、初始性的一面，那似乎是经验主义的一面，这不是贬义，实际上经验主义思维是人类大部分成就的基础。人对经验有效性的敏感度远远超过对逻辑性的敏感，如果一个观念在实践中是有效的，就会马上被接受，而几乎不会去考虑是否合乎理性，更不会去反思其根据。人对经验有效性的高度敏感甚至达到荒谬的地步，一次有效就能够建立路径依赖（守株待兔是笑话，但一次遭蛇咬十年怕草绳却是真实情况），如果多次有效就往往被认为是真理了（"以往经验证明"可能无非只是几次得手)。人对概率的敏感度不仅远高于逻辑性,也远远高于统计学承认的有效概率,而粗鲁轻率的经验主义居然有着不低的成功率,这是个谜。尽管逻辑之必然为真可能是"先验的",但实际上指导人们进行选择的往往是经验有效性和成功概率。这意味着,人的基本思想结构是行为与结果的相关性,通常被认为是因果关系,而不是逻辑关系。动物也有因果意识,可见人类的意识主要还是动物意识。人只是偶尔才反思,在经验失灵的时候才反思,与动物的这一点点差别产生了天壤之别的生活。对于经验来说,哲学的反思显然是提前反思,不过在今天已经不算提前了,人类的种种危机就在眼前,未来已经到达,而哲学的反思未必跟上了时间。

如上发现,在根本上,思想结构首先与行为结构建立了互相映射,行为对于思想有着本源性的意义,所以,思想的本源是动词。人们通常从行为的错误来发现思想的错误,实践的失败才是反思和重新创制的动力。逻辑的反思能够发现观念系统有何种悖论,却无法以逻辑去解决悖论,也只能对观念系统进行重新设计来化解危机。观念系统的初始设置是创造性的,遭遇到涉及系统整体的困难时,解决方式还只能是创造性的。当"元问题"迫使思想形成自反性,思想就只能寻找创造性的解决,不再有知识的答案。幸亏终极真理是不可能的,终极目的也不存在,否则存在是无意义的,因为终极真理和终极价值就是对存在意义的否定。假如命运能够预知,就取消了存在的意义；假如存在有着终极价值，存在的过程就无价值。因此，如果存在是有意义或有价值的，就必定在于动词。本源与创造是同一的，因此动词自带意义。

无论绝对真理还是终极目的，任何终极答案都意味着思想的死亡，追求终极目的或绝对真理就是思想提前死亡。维特根斯坦指出，解释很快会用完，很快就触底而抵达那无法回避的基本事实，那里并没有隐藏的秘密。这说得很对，但他又认为，哲学能做的只是对触底事实的描述。这一点却比较可疑了。描述并不能解决任何问题，只是把事实变得更明显。维特根斯坦认为描述了明摆着的事实，哲学问题就消失了，就没有什么需要反思的事情了。可是事实相反，哲学的困惑正是在描述清楚了事实之后才硬要出现的，"是什么"不是思想的困惑，"做什么"才形成永远犹豫的困惑。对名词的追问确实终止于对基本事实的描述，充分描述就是名词哲学的终点。维特根斯坦成功地解决了如何终结关于名词的问题，却尚未考虑动词提出的超知识问题如何解决。维特根斯坦深入研究了游戏规则，这是关于动词的事实，已经接近动词的问题，甚至已经发现了"遵循规则悖论"[1]，离动词

---

[1] Wittgenstein, *Philosophical Investigation*, §201. "This is our paradox: no course of action could be determined by a rule, because every course of action can be made out to accord with the rule."

问题只有一步之遥，甚至几乎发现了问题的突破口（如何发明游戏）[1]，可惜维特根斯坦没有充分时间或尚未进一步思考。

　　动词提出的根本问题是创制，创制的问题不会终结于描述，而是在描述之后才变成问题的。创制寻找并且开启可能性，因此，创造性的动词意味着起点，也意味着未来的到来。创制就是本源，动词自带本源，动词在历时性中始终与本源共时性地同在，动词问题就是一切问题的元问题，一个不会消失在有限描述之中的无限问题。哲学的无穷性就在于作为反思所有观念乃至文明的"元理论"，相当于反思人类任何"游戏"的整体性质。莫绍揆关于元理论有一个简单漂亮的比喻："马后炮必能将死"是中国象棋系统内的一个定理（类似于数学或逻辑系统内的定理），而"单车难杀士象全"则是中国象棋元理论中的元定理。[2] 无独有偶，内格尔和纽曼也用国际象棋为例来解释元理论，国际象棋的合法走法是定理，而关于走法的反思命题是"元象棋"的元定理。[3] 哲学的反思对象是广谱的，因此可以反过来说，任何元理论都

---

[1] 同上书，§204. "As things are I can, for example, invent a game that is never played by anyone—but would the following be possible too: mankind has never played any games; once, however, someone invented a game—which no one ever played?"
[2] 莫绍揆：《数理逻辑初步》，上海人民出版社，1980年，第40页。
[3] 内格尔、纽曼：《哥德尔证明》，刘新文译，中国轻工业出版社，2021年，第34—35页。

是哲学，例如哥德尔定理既是数学也是哲学。因此，哲学不是一个学科，而是普遍存在于所有学科里的一种思想活动。任何观念系统都会遇到自身无法解释的基础问题，总会在反思中把自己难住，那里就是哲学问题了。

{ 十三 }

无 立 场

既然哲学在于对任何观念系统进行反思，就意味着哲学只能采取"无立场"的思维方式，才能站在任何观念系统之外不受支配。立场是解释和评估事物的主观标准，如果立场即标准，就等于取消了对话和讨论，这是导致思想消散的主要原因。无立场不是删除任何立场——经常有误读——与此相反，无立场意味着对所有立场一视同仁而取消任何一种立场的反思豁免权，就是说，没有一种立场可以不被怀疑和反思。任何立场都只是思想的某种可能性而不是普遍理性，理性本身才是无立场的。思想的每种可能性既然是可能的，就必有各自的道理，至少在某种约束条件下或语境中有效，但没有一种立场能够超越约束条件而成为普遍价值。无立场的思维尊重每种观点的道理，但拒绝任何观点的绝对性，一句话，无立场拒绝定论。

考虑一个例子。"每个人都有天赋人权"或"应该无条件地爱一切人",这种全称观点拒绝了约束条件,就把道理变成没有道理了。假如任何人在任何情况下都拥有无条件的绝对人权,其逻辑结果是,即使某人破坏了别人的人权,比如杀人,却仍然保有其绝对人权而可以免除与之相当的惩罚。如果破坏他人的人权却可以保证自己的人权永无损失,这就建立了不对称的游戏规则:坏人可以多占便宜,而好人只能白白被伤害。同样,假如爱一切人蕴含了爱坏人,爱坏人的结果就是损害好人,于是,爱一切人在实际上等于以损害好人来帮助坏人。

任何游戏的可行性都在于对称原理或均衡原理,假如允许不对称的游戏规则,这个游戏就失去合法性和合理性,任何不对称的游戏规则必定导致文明的灾难;假如一个游戏甚至没有均衡,则必定导致游戏崩溃。我以无立场的方法提出了一个恢复对称性因而普遍有效的人权概念,称为"预付人权"(credit human rights),其预付性类似于信用卡的原理,定义为:(1)每个人生来拥有相同的预付人权;(2)任何人将一直拥有预付人权,除非他破坏了别人的人权;(3)如果一个人破坏他人的某种人权,就视同自己放弃了与之相应的人权。简化地说,破坏他人的人权就失去自己的人权。如果不存在这种对称性,人权就会变质为罪恶。

立场的固化就变成意识形态,而作为立场的反面,无立场怀疑任何一种意识形态。不同的道理之间是兼容的,就像不同真理之间是兼容的,而意识形态之间却不兼容。无立场思维无非是把任性的观点约束收敛为最优选择的思想,简单地说,就是把观点转化为思想,即把"根据观点o,事情a是好的"的话语转变为"对于事情a,可能事态(a)对于a是最优的"的判断,即就事论事理。老子是最早的无立场思想家之一,他说得很清楚:"以身观身,以家观家,以乡观乡,以国观国,以天下观天下"[1],比老子更早的管子说得甚至更清楚:"以家为乡,乡不可为也。以乡为国,国不可为也。以国为天下,天下不可为也。以家为家,以乡为乡,以国为国,以天下为天下。"[2]这大概是最早的无立场分析实例。据此,无立场原则也可表达为"万物是人的尺度",与"人是万物的尺度"的命题形成对比。尽管人可以按照人的尺度把事物看成如此这般,但事物仍然会迫使人接受事物的尺度,否则事做不成。可以说,无立场与立场不在思想的同一层面,无立场没有反对任何一个立场,而是把任何一个立场当成反思对象,将其约束在有效的限度内。无立场思维按照每一种事情的限度去思考任何事物。

---

[1]《道德经》第54章。
[2]《管子·牧民》。

{ 十四 }

反客为主的创造物

作为意气风发的创造者,人类却遭遇到一个始料未及的创造物反客为主问题:创造者被自己的创造物所再造和控制。这意味着,创造者与创造物之间形成了主导权的换位:创造者为自己创造了文明,而文明反过来再造并且控制了文明的创造者。这是人类作为自相关存在的一个典型情况。人是未完成的动词,永远不可能成为一个确定不变的名词,人是个代号,终究没有名字。人把文明创造成什么样,人自己就被创造成什么样,创造物反过来解释了创造者的存在方式,而人对自己的定义无效。人文主义者或启蒙主义者过于心急地将人命名为大写的人,想象人是绝对目的和绝对价值,但自然不承认人这个僭主。更惊人的事实是,人的创造物也不服从人,创造物反客为主地支配了人。人创造了为自己服务的创造物,实现了人类利益最大化,但也不得不把主体性的代理权移交给了创造物,主体性的移交是人为自己制造的最大难题。不能移交的"绝对主体性"只剩下创造力和反思能力，于是人类活在永远不能完成的"创世"工作中，不断以未来性来证明历史性，已变成知识对象的人类往事需要在未来中重新获得存在论的意义，永远的下一步才是人的真面目。人没有先验自我，没有永恒本质，人的唯一证词是人的创造物，创造者只能通过创造物来反思自身。

人的创造物有着非常性质：创造物并不是人的附属品，创造物被创造出来之后就产生了自主性，有了属于自身的逻辑和要求，好似有了自己的生命，创造物虽然是人的用品，却规定了人的用法，例如语言是思想的界限。创造物对人越有用就对人有更大的反制能力，对人越重要就越能够反过来支配人，人类越来越高度依赖创造物，人类的创造物越伟大，人就越渺小。人类通过创造语言、生产工具、科学和技术、思想和知识、交通和通信手段、政治制度、法律和伦理而再造了自身，而且不断被改造。这是一个存在论的非常悖论：创造物居然反过来再造并支配了创造者。在这个自相关结构里，创造物既不是主观的也不是客观的，不是摆在那里的外在对象，而是生活的内在构成部分，是与人联合存在的存在。创造物与创造者互相依存，因此有着互相决定的存在论地位，创造者当然是创造物的本源，既然创造物反过来再造了创造者，创造物就也是创造者的本源，人存在于人创造的世界里，所以被这个世界所限定——这证明了人在存在论上的有限性。上帝不仅存在于任何世界中也存在于任何世界之外，所以上帝是无限的，是一切存在的本源。唯有在人类世界里，才会形成创造者与创造物互为本源的奇特现象。

创造者以一切可能性为思想对象，选择何种可能性就成为创制的核心问题。如前所论，人的存在不是纯粹"存在"（to be），存在必须不纯粹地落实为做事（to be is to do），作为创造者，造事就是创制（to do is to make）。在创制中，存在论的顺序发生了颠倒：现实存在是被创作出来的，所以动词先于名词。人类的创制自设了一个自困的局，在创制了现实的同时给自己制造了无法解决的问题。动词就是道，任何道路既是通途也是限制，人创造了所在现实，就不可能从自己创造的现实里脱身——已在道上或在局中——就是说，人自由地选择了不自由，而只有选择了某种不自由才得以存在。动词必定是做某种事情的动词，因此任何动词在事情中都是不自由的，只要做任何事情，就被这个事情所限制，没有可以无法无天的动词。自由不是人一厢情愿的本质，而是人用来兑换为存在的资本，人类只有不自由才能够有所创造，而有创造才得以从摹状词为空集的纯粹存在（being）变成可描述的实在（existence），即从"什么都不是的存在"成为"如此这般的存在"。创制了如此这般的存在才成为"如此这般的"人，因此人只不过是个动词。

创造物和创造者在互构中成为对称的存在，创造者与创造物也就成为可互换的主语和宾语。人作为创造者是创世论里的主语，但创造物反过来再造了人类，因此，创造物是存在论里的主语。创世论与存在论的同一性导致了人的自相关性质，使创造者和创造物互为主语和宾语，而不可能化归为知识论里各自独立的主体与客体。认识者哲学里的"一般人"是假人，把主体理解为不变的先验自我，这种虚假的想象并不能赋予人以绝对价值，反而把人定位为事物——凡是具有不变同一性的存在都是"物"。不变的先验自我把人变成了物，人就提前死了。尼采认为人成为主体，上帝就死了，福柯接着发现，主体也死于荒谬化的现代性，更严格地说，人其实早就死于作为绝对自我的孤立主体性假设，死于试图把上帝的神性复制粘贴到人身上，把人变成了自己幻想的偶像。可是人的一切方面都承担不起神性，在"偶像的黄昏"时刻，人与上帝同归于尽了。在另一个方面，知识论把创造物当成客体或被动的认识对象，创造物就失去精神性，也等于死了。互相分离的主体和客体，一个是死人，另一个是死物。认识者哲学的知识模板属于机械时代，无法表达创造者与创造物互为主体并且互为客体的"奇怪"关系。

作为创造物的文明事物可以被分析、研究和解释，但不是任人立法逆来顺受的知识对象，而是没有必然性、稳定性、确定性和规律性的桀骜不驯的对手。以文明为对象的社会科学不可能成为科学，即使把科学方法应用于社会科学，也无法把社会科学变成科学，因为文明事物具有测不准的自主性。即使把文明事物作为思想的对象，文明事物与其说是知识对象还不如说是解释学对象。这正是解释学兴起的理由：非自然而具有历史性的文明事物只能被解释。总之，作为创造物的文明不是外在于人的客体，而是与人共在的存在，人与文明互相寄生。在这个意义上，文明是创造者给自己布的局，创造者创造了文明就身处自己创造的局中而变成被创造者。人与文明之间甚至形成了权力之争，而且人并非优势一方，正如福柯发现的，不仅是经济系统，而且话语系统也形成了支配人的权力。

动词创造了互动的创造者和创造物，人的存在必定是动荡状态，绝对价值、永恒秩序、先验自我都属于虚构。文明事物不具有独立于人的"彼处性"，不在宾格中，而在所属格中，即文明事物是"我们的"才具有意义，同时，人也不是独立于文明事物的主体，而属于文明的存在。文明与人有着同构性，是人的化身，或反过来，人是文明的化身，两种表述同时成立。文明长成什么样，人就长成什么样。如果把人看作一个完成式的形而上学概念，就是把人看成物，误以为人有个不变的形而上自我，才会提出"人是什么"的无效问题，这种问题把人缩水为一个知识对象。创造者的性质在于未来性，因此，"人不是什么"才是有意义的问题。"不是什么"

是人的存在常态，既是本源状态也是未来状态，更是问题化的状态，意味着人是个没有结论的存在。

哲学经常忍不住相信人的意识里有个隐身的自我，那是"真正的人"的本人。笛卡尔对自我意识的探索是无与伦比的，笛卡尔的公式"我思故我在"（cogito ergo sum）其实要比胡塞尔的意识公式"我思其所思"（ego cogito cogitatum）在今天反而更具当代性。胡塞尔假定了不变的形而上自我（ego），而笛卡尔只承认动词性的我思（cogito）。在逻辑对称性上，胡塞尔需要形而上的先验自我这个假设，否则不能与意识内在对象（noema）里具有内在客观性的形而上对象形成对称关系。胡塞尔这个势在必然的假设在逻辑上可以理解，但假设就是假设，不等于真实。笛卡尔的当代性表现在他不需要这个形而上的假设，他怀疑了所有的客观对象，也就不需要与之对称的形而上自我了，作为动词而存在的我思就够了。不过，笛卡尔的我思动词只是证明了意识的主观性，却不能证明任何客观性，更不能证明我思的建构能力。在这一点上胡塞尔却强过笛卡尔，胡塞尔证明了我思建构了意识内在的"客观"对象。然而胡塞尔同样也无法说明外在事物，如果不能说明外部世界，就只能证明心灵是个无处可在无处安身的幽灵。

可见，仅仅在时间性中去证明我思，仍然不足以证明人的本源性。人还需要空间性，否则无处可在，如果存在没有场所，就不是存在——能在哪里呢？人就像帝国主义者一样需要地方，需要大地方，空间是存在的必要条件。因此，我们需要一个能够同时建构意识内在性和事物外在性的动词，即一个"内外通吃"的动词来证明人的本源性。"我作"（facio）正是兼备内在性和外在性的跨界动词，同时创造了心中思想和心外事物。"我作"通过创造事物的秩序而占领了外在性，或者说，"我作"把思想的内在性实实在在地化为外在性，为"我在"安排了一个所在世界，于是"我思"不再是流浪的幽灵，通过"我作"而获得存在论上的所在，所以说，我作故我在（facio ergo sum）。如果不能证明存在之"所在"，存在就是空话；如果存在没有落实为动词，就无法说明自身之外的任何事情，就只停留在"存在即存在"的重言式，就是说，如果存在不是一个及物动词，就什么也不是。所以，在存在论的意义上，动词先于名词，"做什么"先于"是什么"，"我作"使"我思"具有了真实性。

动词的存在论优先性在于动词创造变化，而变化才是存在。如果存在没有变化，就是不存在，所以，变在是唯一真实的存在方式，没有变化就没有需要思想的事情，在变在之外，没有存在，纯粹存在是一个无所指的伪概念。无论人创造的是好事还是坏事，都具有反自然性质。在尚未发现外星文明或创造出超级人工智能之前，人类的创制就是唯一具有"减熵"能力的秩序建构，这种反自然的秩序就是唯一需要人来解释的哲学问题。

人类有能力造事,却没有充分能力来解决自己制造的困境,这个事实或暗示人类是怪物,至少是有缺陷的创造者,人类没有理由那么理直气壮。人类的造事能力大于解决问题的能力,这种不对称性迫使人类只能以继续造事的方式来"解决"旧问题,人类被迫始终处于创作状态才能够继续存在,而继续造事意味着提出更多更困难的问题,今天有些最新的问题已经构成对人类自身的存在风险,比如人工智能和基因技术,危机状态越来越成为人类的生存状态。人类作为创造者只是从一种可能性到达另一种可能性,始终存在于可能状态里,永远不完美,永远不能到达人类"想要的"普遍必然性。其实我们也难以确认普遍必然性是否真的是我们想要的,最令人困惑的是,人类始终不知道什么是好的。

普遍必然性是一个冒充为知识概念的形而上学概念,在任何形而下的经验世界里都不存在普遍必然性,因此只能是形而上的。普遍必然性的条件是莱布尼兹定义的"在所有可能世界里为真",大概只有逻辑和数学能够满足这个超越的形而上条件。人的存在属于"低维度"的现实,人创造的秩序不是真理,只是对自由的限制,以使生活成为可能,就是说,秩序是人作茧自缚的生活事实,而只有作茧自缚才能够生存——这条元定理却可能是真理。如果没有秩序,人类会在爆发性的熵增混乱中灭亡。可见创造是一个要求自我约束的动词,人创造了约束自己的秩序,创造者成为创造物的囚徒,人类也因此经常反抗自己创造的秩序，不断自我提醒"创造者难题"：如何判断人类创造的秩序是合理或是好的？这个自反问题的极致是，既然价值标准也是人设定的，并不存在客观标准，那么，标准如何证明自身？所有哲学问题都与自相关困境相关。当"我思"思考外在事物就产生知识；当"我思"反思"我作"，就形成自相关的思想。

创造者和创造物互相建构，两者互为自变量和因变量，在这样的条件下，最简单的事情也会变得难以解释。人类的创造者难题并不是因为"上帝死了"才出现的自由选择难题，而是与上帝并列而同构的"创世"问题，区别是，上帝没有困惑，而人类却陷于创制的自证困境：在没有标准的情况下如何证明人类创造的事情是合理的或是好的。这是在所有事情中无限重复的问题，但是没有答案。

比如说，人类创造了道德的概念，自我牺牲几乎是高尚的唯一标志，至少举不出别的标志，因此道德的根本意义在于自我牺牲。可是人为什么把自我否定的牺牲理解为道德？而如果道德不是自我牺牲，就不存在道德了——在自我牺牲之外的所有伦理规范在实质上都是利益计算，不杀人不说谎之类的规范根本不是道德，只是博弈论可以解释的互相安全策略。没有自我牺牲就不要说到道德。道德行为之所以是高尚的，就在于违背了博弈论原理，不是一种利益策略。道德始终是一个谜，人创造了道德，肯定有理由，只是不知道是什么理由。事实上人类所有的秩序都从来没有得到充分的解释，生活在进行，但理由尚未找到。

以无条件人权为基础的现代法律有着内在的思想混乱，甚至在特定语境的实践中法律自身蜕变为一种罪行。考虑这样一个案例（隐去真实人物）：a毫无理由杀害了b的母亲，不知a用了什么办法，只判了很轻的徒刑，b长大后为母报仇，杀了已经出狱的a，结果b却被判处死刑。这个判决在道德和法律上都非常可疑。正当报仇是天经地义，为了建立统一的正义秩序，人民把复仇权利让渡给法律，如果b有罪，也仅仅是把让渡给法律的惩罚权利拿回来私用，而且是因为法律没有能够恰当地行使人民借给法律的惩罚权（a没有得到应有惩罚，只判了很轻的刑期），因此，在逻辑和道德上，b杀死a没有罪，b所犯罪行是违反与法律的契约罪，违约罪不能判处死刑。这样的法律就是无法自圆其说的秩序。事实上，人类建立的秩序都存在漏洞和缺陷，在制度设计上几乎不可能无懈可击。

如此严重的"创造者难题"迟迟没有成为哲学的焦点，或因为在很长时间里人类生活的观念和秩序相对稳定，没有陷入危机。凡是不要命的事情，人都不会严肃对待。主流哲学至今仍然处于认识者视域之中，明显落后于需要反思的事情。危机一直都在，比如人类很早就发现了悖论，但只是认为很有趣，没有意识到悖论所暗示的危及思想基础的严重问题，直到百余年前的"数学危机"，人类才意识到任何观念系统都可能存在着漏洞、自相矛盾和悖论，这意味着人类的观念和秩序是"建在沙滩上的"（忘记是哪个数学家说的）。数学危机仍然不要命，老哲学泰然处之。但两次世界大战都未能把哲学惊醒，就意味深长了。对世界大战的反思被意识形态的冷战掩盖了，这是人类思想的重大失误之一。人们试图在两种错误的意识形态中证明其中一种是正确的，这是排中律被滥用的一个典型事例。现代的两种意识形态虽然对立，却是现代性的孪生两面，其错误根源是同一的，都以为找到了普遍价值和普遍秩序，然后历史欢呼一声就终结了。这种思维方式的每一步都是错误的。首先，不存在相当于真理的绝对价值。在复杂的生活里，每种价值都与其他价值互为条件才生效，因此都是有条件的。其次，不存在绝对的价值排序，即使现代最为推崇的自由，也不是第一价值。价值的线性排序是荒谬的，各种必要价值同等重要，或并列关系，或循环关系。再者，试图建立一种终结历史的秩序是不可能的，没有一种秩序能够解决所有的矛盾和自相矛盾，因此历史只能是一个开放概念。意识形态阻止了对现代性的深入反思，使现代社会更加陷于精神错乱和价值观的四分五裂。

现代是人类创制加速的时代，因而暴露出人类秩序的更多危机，在此无法展开讨论，但可从几个以小见大的迹象来发现现代性的深层危机。本雅明在第一次世界大战之后，敏感地发现生活失去了"故事"，或没有什么故事值得讲述。这里的故事是广义的，包括神话、童话、史诗、传统艺术、古典音乐、诗歌和民歌以及"有教益"的经验。无论苦难还是幸福，兴盛还是衰落，生活都应该有故事值得讲述，故事蕴含着可共享的经验和生活意义。第二次世界大战之后，生活失去故事的现象更为严重，故事的退场或边缘化意味着生活不再有共享的意义。现代小说、当代艺术、流行音乐或大众文化表达的或是没有共享价值的私人自我，或是商业化的流行话语或虚构的生活。迪士尼、科幻电影和网络游戏典型地表达了"反事实"生活，暗示了真实生活缺乏意义而无法形成人们需要的故事，甚至不值得关注，只有在虚构的世界里才能够编造故事。但是不能解释生活意义的虚幻故事让人毫无精神收获，精神世界入不敷出，甚至毫无增量，只有损失。有意义的事情就是值得不断重复言说的事情，所以成为"故事"，正是被复述的故事构成了精神生活。二战之后很少有艺术作品值得看第二遍，几乎都是一次性的消费作品，这意味着作品只是一次性的事件。艺术概念发生变化是正常的，但问题是，一次性的作品没有能力占据时间，也就没有能力建立精神意义。当代艺术或商业电影是当代无意义生活的一个有意义的倒影，其中隐含的消息是，生活越来越缺乏有意义的故事。

　　生活正在加速失去意义，这是现代性的一个深层问题。马克思最早发现恐怖的"异化"事实。在现代条件下，每个人的生活都被统一组织到资本的运动中去，只剩下资本的运动是重要的，所有人及其生活都不同程度地失去意义。资本只是现代性"去意义"运动的一个方面。飞速发展的技术成为生活意义的第二个谋杀者，技术通过把所有人的生活统一组织到技术程序中而使之失去意义。资本对所有事物和所有人的价值进行了统一标价，技术则把所有事情和所有人化为程序，而资本和技术的大一统终于全面实现了对生活的"去意义"，而把所有价值收归资本－技术系统。资本－技术的大一统系统只是组织所有事物的功能，其本身也无意义，结果是生活彻底失去意义。不少人敏感到这个"意义的危机"，于是以身体为单位发动了各种抗争，垮掉派、嬉皮、吸毒、狂欢、同性恋、跨性别、神秘苦修、禅宗静修、素食、健身、节食、绿色生活、旅游、行为艺术，诸如此类，都试图以身体的私人经验来抵抗一切行为的程序化。表面上看，身体自由是逃脱程序化的最后途径，但身体的权力边界仅限于身体，没有能力建立精神世界，没有能力在身体之外建立秩序，因此，以身体为抗争终究是无效的。以身体为抗争的最高段位是人体炸弹恐怖主义，但也无法动摇资本－技术系统的权力。在资本－技术系统的世界里，身体的哲学是失败者的哲学。

再看另一个深层问题。与"异化"不同，人类文明顽固地保留一种"未化"的原始野蛮行为，即战争。人类最先进的科学技术首先都用于制造武器，自古至今都是如此。人类准备了可以多次摧毁地球的核武器，还有导弹、航母、生化武器以及太空武器。假如外星人类学家来观察人类文明，一定会认为人类文明是邪恶的、不友善的、理性不足的畸形文明（当然，星际世界也可能是如刘慈欣描写的恐怖"黑暗森林"）。霍布斯提醒说，只要看看人们的房屋都要上锁，就知道人们对同类是什么看法。武力始终是生存的第一条件，不发动战争只是因为能力不足而无胜算。假如没有以武力为保证的法律，人间立刻变成地狱。有一个无法证实而属于科幻的宇宙理论，称为"大过滤器"理论，用来解释宇宙内"无数"文明可能灭绝了，其中一种自取灭亡的"过滤"就是文明内斗。尽管人类文明的级别很低，属于初级文明，却已经准备了足以自取灭亡的武器，这一点证明人类文明有着严重缺陷。

文明的基本成分是秩序和观念，两者互相解释和互相支持。从各种制度的功能来看，几乎全部是针对"坏世界"的功能安排。给定"坏世界"的条件，理性原则是唯一的合理性标准。然而人类的制度安排远未达到充分理性（否则就没有值得争论的事情了），甚至我们尚未知道建立有效秩序和制度到底需要多少种理性（rationalities）才能达到充分理性（reason）。现代通用的是个体理性，但大量问题超出了个体理性的处理能力，显然需要更多维度的理性，比如关系理性。只要理性不充分，人类的秩序就必然存在许多悖论、矛盾和自相矛盾。人类虽是创造者，发展了文明，却对付不了文明返回给人类的难题。

因此，哲学有必要从认识者的信念转向创造者的疑惑：人类凭什么建立如此这般的秩序和观念？更好的秩序是否可能或如何可能？人类文明需要被创造成什么样？这是人类关于自身的存在论问题，反思的是人类如何存在。哲学的未来性不在于预测，反而在于对思想的反思和重新奠基，即面对未来无数可能性而为思想建立最接近理性的基础。创造者以"最好可能性"为设计原则，这是莱布尼兹关于上帝之思的人化转换。人类同样试图发现"最好的可能世界"，但人的局限性注定了永远无法知道哪一个是最好的可能性，因此人的创世存在论问题永远没有终极答案，人类无法在知识上证明自己创造的存在秩序是真理，也无法在价值上证明自己创造的秩序是最好的，只能试图证明人类创造的秩序在最大程度上接近理性。

我们已经论证了，在创世存在论里，动词创造名词。如果不去成为动词，存在就什么也不是，仅仅作为名词的人类只是概念而不是存在。存在就是去创造存在，创造物就是创造者的存在论证明，于是，创造者–创造物的存在论关系优先于心–物或主体–客体的知识论关系。在创造者视域里，创造者的创造物不是"对象"（ob-ject），而是创造者的"成象"（pro-ject），因此，一锤定音的"人是什么"是个虚拟问题，"人做什么"或"人被做成什么"才事关真实存在。人自我加冕了许多力不能及的价值而虚构了"大写的人",但实际上不是;人可以想象人是绝对目的而有绝对价值,但实际上不是;人可以想象人有绝对独立的自我,但实际上不可能。超出人的创造物来讨论人,就是讨论不存在的事情。创造者和创造物是同一个问题的两面。

今天的"创造者–创造物"关系正在发生质变:人类创造出来的技术和资本的大一统系统正在把人类变成新奴隶,技术和资本的能力促使人类把生活的每个方面都变成变相的战争,人类似乎在令人失望地进入新野蛮时代。今天人类的基本危机与万年之前一样仍然是生存危机,而更严重的是,文明正遭遇一个前所未有的创造者难题:创造物的支配力似乎正在突破阈限,不仅超过了创造者的控制力,而且势不可挡地压倒了创造者。一个标志性的迹象是,政治一直是人类秩序的最后保证,但今天政治的能力正在变得弱于技术–资本大一统系统的能力,因此有可能出现一个后政治世界,或者,技术、资本和政治最终达成一致而形成一种新绝对主义秩序。这是一个前途未卜而十分严重的新问题。

{ 十五 }

历史性和未来性

存在之为存在，或存在为什么是存在而不是不存在，这种拗口的问题属于神学，是在问上帝，不是在问人。上帝在一切存在之前和之中，有创造存在的方法，所以知道什么是存在，人是非常受限的一种存在，没有思考一切存在或存在本身的方法。古典存在论选错了超出人类能力的思考对象。存在论的意义是在创世论中涌现出来的，只有创世的行为才内在地包含存在的秘密，不理解创造就不可能理解存在，就是说，存在不可能外在地被理解。"存在之为存在"，这个在认识者视域中产生的外在性问题把存在本身设定为一个认识对象，其外在性注定了不可能被认识，除了语义上的重言式"存在即存在"，就无法知道更多的事情了，所以不是存在论的问题；在创造者视域里提出的"存在何以存在"问题，内在于创造的行为，所以是一个存在论的问题。只有形成本源的创世行为才与存在达到同一，只有能够追溯本源才能理解存在何以存在，所以说，存在论必须同时是创世论才是有意义的。我们在前面已经论证了这个论点。

如果接受这个论点，就可以进一步把存在理解为历史性的存在。本源、历史和未来共同构成了在时间性上的存在完整性，不能理解存在的完整性就不可能理解存在，就是说，存在的意义就在于本源性、历史性和未来性。既然存在的问题只能从创世论开始，就意味着存在论必须回到存在的本源状态来理解存在如何展开其历史性和未来性。不能创造一种本源，存在就没有开始；存在没有历史，就是不曾存在；存在没有未来，就不再存在。总之，存在就是被创造，我作（facio）就是存在的本源，因此，存在论必须思考一种存在被创造的理由，于是存在论的时间线索回溯到了存在成为存在之前，创世论"显示"存在的开始和时间的开始，而存在论"目睹"存在的开始或时间的开始，这是唯一的内在于存在的理解，而传统形而上学追问存在的概念只是一种外在于存在的解释，注定是无意义的解释。如果没有历史性的索引，就查询不到存在的任何踪迹，如果没有未来的可能性，就无法想象继续存在的理由。创世论解释存在的本源性，存在论则解释存在的历史性和未来性。

人类是唯一能够研究存在论的存在，因为人类自己就是创造者，创造者的思想能够重返存在的"史前时间"，也能够为存在选择其"未来时间"，能够开启并且理解一个包含存在"之前"到"之后"的完整时间结构或完整历史性的存在线索。时间的完整结构是存在成为存在的条件，假如时间性不完整，缺失"之前"或"之后"，就缺少本源或未来，存在就只是一个概念而不是存在。只有创造者能够建立并且理解存在的完整时间结构，因此，唯一有意义的存在论问题就是人类作为创造者的创世论问题：人类以什么理由创造如此这般的存在秩序？

人类的创作把存在变成了历史，把时间性变成了历史性，正是历史性使存在成为有意义的故事。假设有一个绝对创造者（比如上帝），他的时间只有一般现在时，所有可能性同时在场就意味着只有一个时间维度，即一般现在时，于是，绝对创造者的每个时刻都是现时，绝对创造者没有历史，也不需要历史。同时，绝对创造者的空间也不存在外部性，所有可能世界都在绝对创造者的思想内部，不存在逃逸的外部，全都是他的空间。绝对创造者彻底理解了存在，也就不需要存在论了。绝对创造者虽是虚构，却是一个绝对参照系，与之对照可以理解人类的创世如何形成存在论的问题。人类是迄今所知唯一的有限创造者，由于有限性，因此人占用可能性的方式是在时间里逐步展开可能性，因此形成了时间的全时态，即有着过去、现在和未来维度的过程；在空间上则有着永远在意料之外而无法控制的外部性，因此空间有了在外的全方位。人的时空与绝对创造者的时空有着质的区别，上帝的所有时间同时到达，在同一时间遍历了所有空间，因此上帝的时空是一体——爱因斯坦难以置信地看见了时空一体化的上帝秘密。作为低维存在的人，时间性显示为历史性，空间性显示为坐标性。

在人创造的世界里，存在性就是本源性、历史性和未来性的连续体。在存在论的意义上，历史不是消失的往事，而就是当下的存在。消失的就是不存在，而继续存在的就不曾消失，换句话说，消失的事情只是往事而不是历史，历史就存在于承载着历史性的现实之中。历史学是关于历史的知识，而存在论试图理解存在如何历史地存在，因此，存在论不关心消失如风而不可再现的"真相"，只关心历史造成的现实，现实就是历史意义之所在。只要时间足够长，当事人和相关人无比珍视的往事终将如烟而去，而贯穿历史的存在论问题却递归或迭代地存在着，那不是隐秘故事，而是一目了然的所有重要问题，是永远困扰我们的切身问题，没有人会错过切身问题。

既然整个现实都是历史的遗产，那么，充满矛盾的整个现实也就是历史的遗留问题。思考现实同时就是思考历史，解决现实问题就是在解决历史问题。把过去的事情划归历史，这种分类法在时间概念上是合理的，但在存在论上并不合理。现实是一个信息连续体，现实承载着全部历史，而历史的意义在于未来。历史知识虽然未必为真，但有真值，然而历史知识的真值却不是对历史意义的说明，这一点与科学命题的情况完全不同。科学命题的真值和意义是同一的（至少分析哲学是这样看的），但历史命题的真值与意义却是两件事情。历史的意义不在于真值，而在于存在论上的重要性，所以说，历史的意义在于未来。历史的存在论问题是：什么是我们必要带到未来去的历史？创造者的对象是未来的可能性，但其可利用的资源却是历史，在未来能够增值的历史资源就是创造未来的"精神本金"，只有在未来值得延续的历史叙事才是重要的。作为知识的历史与作为意义的历史之间有着距离，历史的双重性意味着理解历史需要双重视域，以便能够理解什么是有真值的描述和什么是有意义的叙事，完美的历史就是两者的重合。

但是历史真相必定是"罗生门状态"。历史是主体间的事实，必定遗传了主体间的所有不解之谜。主体间的所有分歧和冲突都源于他人不同意。按照康德的先验论想象，从我的纯粹自由意志可以推出"我必然同意我设想的道德律令是普遍必然"，却推不出"他人普遍必然同意我设想的道德律令"。他人对所有事情或有不同理解，他人也有他设想的却与我不同的道德律令。这意味着，先验理性只能解释思维（mind）的一致性，却不足以建立人心（hearts）的一致性，而且思维一致性无法推论人心的一致性。人心不同，历史也不同。如何理解人，却是千古难题。

先验论的一个错误是假设了人的先验概念，"人是什么"这个问题恐怕不存在一个柏拉图式的理念答案。假如按照康德对人的理想主义规定,人之为人必须有健全的理性,并且具有自由意志的自治自律性(autonomy),这个理想虽然好(似乎没有更好的了),但绝大部分人恐怕都达不到这个理想标准而在概念上沦为不合格的人。令人吃惊的是,康德标准可能是最强硬的歧视原则之一,或比种族主义更强硬。

我们需要理想主义来想象最好的事情,但不得不同时承认俗不可耐的生活事实,无论政治、法律、经济还是社会规则和伦理,几乎都出于俗不可耐的原因和理由。按照博弈论,所有规则和制度都是博弈稳定均衡的制度化产物,经济、政治甚至文化的博弈都是为了利益和权力,不可能不庸俗,甚至残酷。如果哲学只是按照概念去选择思考对象,就会错过真实问题,也就错过了世界。名词只有当落实为动词,才形成绕不过去的问题。可以说,只有"不自然"的事情,即人类的创制,才需要反思。不自然的存在也就是历史性的存在,历史性的存在是不必然的存在,正因为人类创造的世界是不自然的、历史性的、不必然的,所以没有绝对答案,必须不断反思,也所以百思不得其解。这正是维特根斯坦的迷惑:在科学能够解答的全部问题之外,还留下一些科学无法触及的哲学问题。

正因为人类创造的秩序是不自然的、历史性的、不必然的,所以知识无法回答哲学最终的问题,也就是我们反复提出的"创造者问题":凭什么创造如此这般的秩序？之所以处处遇到这个问题，就是因为思想没有别的出口。这个问题是个无底深渊：一种观念或秩序或许尽量达到了理性，但仍然不够，还需要达到主体间有效，即集体同意；主体间有效也仍然不够，人们有可能集体同意一个愚蠢的甚至自取灭亡的选择，因此还需要达到稳定有效，即能够经受各种考验的鲁棒性（robust）；甚至达到鲁棒性也仍然不够，还必须是能够建构好生活的好游戏，可是我们不知道什么是好的；即使把某种生活定义为好的，也仍然不够，还需要达到与自然协调。人为秩序是非自然的，而自然是人类的生存环境和条件，因此必须与自然达到协调，否则必遭自然报应。今天人人都主张人与自然的协调，以至于成为泛滥的空话，似乎没有人真的知道用什么方法能够与自然达到协调。假如以自然主义的方式去顺应自然而达到天人合一（老庄思路），文明就可能在低水平上永远重复，很难说这是人类想要的；如果以理性主义去发展伟大文明，又有可能自取灭亡。人类越来越难以确定什么是好的，而风险在升级，逐步逼近风险阈限，即莎士比亚之问：存在还是毁灭。

凡是有真理的事情，都不是极端困境。人类创造的所有秩序都是非自然秩序，没有必然标准，所以形成创造者困境。要在思想上证明一个非自然系统的合理性，难上加难。既然缺乏外在的真理标准，就至少应该要求观念系统或相应的秩序系统具有内在一致性和完备性，相当于自圆其说，但这一点也做不到。人类创造的系统必定包含无法证明的假设、悖论、矛盾或自相矛盾。正如哥德尔证明的，只要一个系统是"足够丰富的"，即涉及无穷性，就无法避免内在不一致或不完备。完美作品是不可能的。

思想被迫反思自身的合理性，然而其自相关决定了在方法上存在着根本性的困难。没有客观真理或先验原理作为参照系，也没有必然的办法来保证人造秩序的内在合理性，就确实找不到什么根据能够证明人类所创造的世界是好的了，想象力触底了。还有更坏的消息，我们甚至难以清楚地定义基本观念，比如善恶、真理、因果、时间、整体性、公正、平等、自由、理性等等。如果连基本概念的意义都不确定，就意味着整个思想是不清楚的，思想就更无法解释自身的合理性了——连"合理性"也是一个难以解释的概念。人类思想既不清楚也无法自证，这可是奇观了。人类作为创造者本身就是一个悖论：一方面创造了伟大的文明，另一方面难以解释自己的创造。假如有外星智慧生命观察到人类的如此事实，可能会对人类的智慧感到困惑和惊讶：为什么人类的思想如此糊涂，却能够建立文明？其中一定有什么道理。

维特根斯坦或已经发现了部分秘密，即思想在语言游戏的实践用法中获得暂时性或临时性的清楚对焦，类似于照相当场对焦，当形成了聚点（focal point），对象就清楚了。托马斯·谢林的聚点理论也解释了这一点，他发现，在缺乏足够信息的情况下，人们会动员所有的思想资源来推测一个"合理的"聚点。不知道维特根斯坦对照相机的比喻是否满意，也许可以换一个比喻，就像在数学的坐标系中可以定位某个点或者动态变化曲线，道理也是一样的。关键是，被定位的事情必须是"小事"才能够清楚对焦。人类建立文明就是从具体小事开始的，小事能够在有限语境中完成所需的对焦或坐标定位。可以说，只要不涉及无穷性，思想总能够在多种坐标和层层定位中变得清楚起来。维特根斯坦不仅发现概念和命题的意义在于具体语境的具体用法（相当于聚焦），还发现了"范例"（examples）对理解意义的有效约束，就是说，在范例以相似性来解释的有限范围内，意义是明确的，在范例之外就可能有争议了，因此，范例是对规则的最好说明。概括地说，思想的意义或许说不清楚，但事关实践的意义都能够说清楚，这是建立文明的初始秘密。

维特根斯坦的发现在另一个方面意味着，那些超越了语境用法和范例的形而上学概念就不可能有清楚的意义。这个消息不利于观念论或先验论。形而上学概念承担着解释普遍性和无穷性的功能，显然超出了语境和范例的能力，或者说，普遍性和无穷性是没有语境和范例的，因此不可能形成清楚的意义。众所周知的例子是，奥古斯丁无法解释什么是时间，他说本来是知道的，但一问就不知道了。所有形而上学概念与此类似，一经追问就难以回答了。根本原因就是，形而上学概念涉及无穷性而失去了任何语境。任何全称概念都会遇到描述的局限性，或者说，足够清楚的描述只能是语境性的，而全称性的"描述"是不可能的，因此全称概念必定是抽象的，所有抽象概念都具有形而上的性质，可以说，人类的语言半为形而上学，甚至语言本身就是形而上学。

形而上学是用来反思描述的工具，而其本身不是描述，因此，把所有概念和命题还原为描述是不可能的，还原论或经验论总有局限性。具体语境和具体用法，加上范例，对于解决具体实践问题是够用了，但对于建立普遍秩序就不够用了。特例未必能够推广，经验总结也不能保证普遍有效，知道过去做了什么不等于知道未来可以做什么，因此，思想和实践的根本问题是未来性，即永远的"下一步"。如果没有未来，存在就终结了，因此，历史性的存在必须是一个全时间的故事，存在不仅是历史，还必须是预言。思想的根本意图是预言性的，如果没有预言性，思想几乎无价值。在不再需要预言的时候，比如爆发核大战，任何思想都没有意义。关于过去事情的陈述，其思想价值也在于其"意义链"涉及未来，与未来无关的事情无法构成思想。事实上，要说出一个与未来完全无关的陈述是很难的，即使是关于恐龙的描述，也很难说与未来无关。即使没有使用将来时态的一般陈述，也包含某种预言，比如"糖是甜的"，其所指包括了所有的糖，也就预言了还没有吃过的糖也是甜的。语言即预言，没有预言就没有思想，如果语言不具有预言性，就不会被发明出来了。至于预言的真值却是个科学问题了，语言只管说。

让人迷惑的是，有一种预言却无法证明，典型句式是，x是好的。思想无法拒绝这种普遍判断，因为建立生活的普遍秩序需要此类普遍判断。"x是好的吗？"这种最简单的问题却牵动了最难的思想，甚至可能会难倒康德、维特根斯坦和爱因斯坦。什么是好的，如何证明好的是好的，此类问题之所以是最简单的，是因为没有技术含量，不需要数学或量子力学，但又是最难的，还是因为用不上数学和量子力学，思维的任何技术在此类问题上无用武之地，所以无计可施。在所有技术都用不上的地方，就是反思的绝境——不要告诉我，可以有神奇的直观、领悟或顿悟什么的。没有技术含量的"思想绝技"都是假的。

苏格拉底最早表演了反思的困境，他对基本概念的不断诘问似乎证明了思想无法解释思想所凭借的基本概念，因此思想在根本上是无知的。思想无法回避自身的无知困境，那么，知识上无解的问题是否可以有一种政治或伦理的解决？在实践中，人们确实寻求诉诸价值的解决，比如独断意见或集体意见，但无论什么样的意见都不能证明什么是好的。事实上也没有一种秩序能够获得普遍同意，人们永远有着不同诉求和不同意见，永远有着利益之争和生死选择，因此，战争与和平，权力与权利，冲突与合作，秩序与破坏，都是始终在场的存在论问题。所有问题的基本结构是"选择"，人类在每件事上做选择题，永远做选择题，极端形式就是莎士比亚的天才发现：to be or not to be（这个精炼公式不容易翻译，通常译为其强含义"存在还是毁灭"，但也包括其弱含义"这样过还是不再这样过了"）。选择的困境就是最基本的反思困境，自反性是思想的极限难题，在此思想除了自身无可借力，而自身正是疑点所在。

思想要自证合理性，一种办法是建立一组相关概念的循环解释，即建立闭环解释以便"自圆其说"，但"说圆了"也不能证明就是对的。另一种办法是把观念限制为某个实践领域能够定义的具体事情，以牺牲普遍性来换取可信性。如前所述，只要增加足够多的约束条件，任何命题都能够成为真命题。可是这样做对于证明普遍观念毫无帮助。再有一种办法是，增加新的概念来消除矛盾或悖论，即以意义增量来化解困难，但无非是递归地制造了同构的新难题，于事无补。总之，思想至今还没有方法能够自证合理性。这意味着，思想的根基从来不是笛卡尔想象的清楚明白的概念，而是一些未解疑难。以未决问题作为思想基础正是人类思想的基本性质，因此人类的存在和思想永远处于危机状态，永远面对无法解决的问题，永远无法排除苦难，而多少有些悖论性的是，危机状态正是人类的存活条件，否则大概率会在退化中娱乐至死。永远的危机状态注定人类必须是永远的创造者。

　　自然本无问题，而文明处处是问题。在实践中解决问题的最常用方法是制造增长（与前面所述的第三种方法同构）。无论物质增长还是知识增长或观念的增长，都能够"化解"当前困难而把问题推后，人类主要依靠这个平平无奇的方法存活至今。增长模式把文明变得越来越复杂，尽管能够延迟或转移危机，但也因此产生了更复杂而更难以解决的困难。最早敏感地意识到"多未必好"的可能是奥卡姆，他发现增加太多观念反而把事情变得更可疑。不过，即使人们承认"奥卡姆剃刀"是对的，也不太感兴趣，一个可能的原因是，增长是化解困难的最方便方法。今天的世界和生活已经在增长中变得高度复杂，可能已经太复杂了，以至于有理由疑心其复杂程度已完全超过了人的反思能力和控制能力，于是文明正在摆脱人类的理性控制而无序化，从"减熵模式"转向"增熵模式"。制度失灵、世界无政府状态、环境危机、战争形式多样化、技术风险、数字化世界的噪音化、共识消失、价值观分裂、意识形态占领生活，都意味着无可救药的"增熵"。金融资本、互联网平台、人工智能、基因技术、量子技术以及虚拟技术的发展就是创造物的能量大过创造者的控制力的实例。人类或许会死于变质的文明。

　　文明像人一样是有"生命"的，我没有找到更好的类比。文明的生命具有生长性，有着不测的变化，有着

十五　历史性和未来性 ｜ 155

类似生命组织的有机整体性，即使我们反思到文明的"错误编码"，要改动文明的结构布局，哪怕只是改动其中一个基本设置，也必须把整体效果考虑在内——所谓"一个或所有问题"的结构，这相当于修改基因，不是换零件，所以非常困难而冒险。由于文明系统是类似于生命的复杂系统，所有因素都互为变量，因此先验逻辑结构不能成为文明的普遍原则，"生命化的"复杂函数超出了名词思维的能力。思想至今主要采用名词思维模式，而对动词思维却比较陌生，因此思想落后于问题已经成为常态。

文明是非自然的，其存在论基础是可能性（possibilities），不是必然性或偶然性，也不是或然性（probability），这是人类存在论的关键之处。自然运动或是必然的或是偶然的，或两种都是（在科学达到更高认识之前，我们还不能肯定自然是必然的还是偶然的），而人类的创造却基于可能性。可能性不是自然属性，而是思想的发明，人类通过发明了否定词而发明了可能性。[1] 思想的对象是可能世界的无穷集合，这一点证明了人类的存在论身份是创造者，因为只有当思想对象是复数可能性，思想者才成为创造者。假如仅仅是认识者，就看不见可能性，只能看见必然性或偶然性。

这里需要澄清一个语言的错觉，当说到"明天可能

---

[1] 参见赵汀阳：《第一个哲学词汇》，《哲学研究》2016年第11期。

下雨"之类情况，指的是或然性，不是可能性。可能性是逻辑概念，不是事物本身的状态，在自在之物那里，没有可能性，只有必然性或偶然性。可能性意味着选项，也就意味着复数的未来，选择不同的可能性就是选择不同的未来。所以人必须思考缩小版的莱布尼兹的创造者问题：哪一种是最好可能性？应该把哪一种可能性变成现实性？什么是好的，至今人类回答不了这个问题。人类没有能力看到全部可能性，这个根本的局限性注定了人类的创造在某种程度上不可避免是一种赌博。

{十六}

还原论、整体论和循环论

知识的增长似乎在减弱人类的赌博性,尤其是科学的发展使知识越来越可信,尽管不能达到必然真理,但成真概率增加了。但科学也未能彻底独立于形而上学的假设而成为完全自足的知识,不得不使用一些被称为"知识论"的非知识假设,那些非知识假设就是科学的形而上学负担,也是始终的疑点。在所有知识中,最具自足性的知识是数学,因为数学拥有"数学自己的"存在论,数论、集合论和数理逻辑就是数学自己的存在论。数学之所以有此优势,是因为数学世界是数学自己建构出来的,是内在于数学的纯粹世界,数学与对象之间没有存在论隔阂或知识论隔阂,因此几乎不需要数学之外的哲学假设。有趣的是,数学与数学对象的关系似乎是唯一符合胡塞尔的"我思-所思"关系的知识。

与之不同,经验知识的对象不在知识内部,而是不受知识控制的外部世界,经验知识对象的外部性始终是经验知识无法回避的难题。为了有序整理杂乱的信息而形成经验知识，就必须采用一些非知识的形而上学假设。其中应用最广的是还原论，往往搭配决定论，两者高度一致。还原（reduction）的方法论隐含着经验主义、逻辑主义、理想主义、本质主义和机械主义的观念综合，与实验科学、逻辑学、牛顿力学、几何学、代数、计算机等科学比较吻合，主要默认了这样一些假设：整体等于部分之和；复杂的事情可以化简为足够简单甚至最简单的元素；最简单的元素都是经验可描述的或数学可运算的；必然性等于分析性或因果性；实体存在都是个体；个体事物都有稳定不变的本质或同一性；结构能够分析为组合；一切事物都可以量化或数据化；因果关系可以分析为个体因素之间的相关性；相关性都可以数学地或经验地确定，所有知识最后都是细节知识，诸如此类或明或暗的假设。总之，还原就是化繁为简，把整体性、结构性和复杂性通过化简解析的方法转化为各个最小单位或元素之间的最简单组合和逻辑关系。还原论的知识建构对于大多数事物有着最强的解释力，绝大多数科学、数学和逻辑就建立在还原论方法之上。也广泛用于日常思维，如果不能化繁为简，我们甚至无法思考日常生活。可见，思维不可能拒绝还原论，但是，仅有还原论是不够的。

还原论在科学中有效性很高，但推广到人文知识和社会科学就显示出局限性或疑点：把复杂的、整体性的、纠缠的、动态的、互动的事物还原为简单的、分解的、组合性的、量化的、固定的元素之后，细节知识合成的只是一堆细节知识，并没有形成对事物的整体知识。虽然一堆零件可以组装为一个机器整体，但一堆细胞无法组装为一棵树或一个人。这意味着还原并非普遍通用方法，对于某些事物，还原可能导致无法"复原"的难题：还原而获得的分解知识无法"倒回去"组装成关于事物整体的知识。分解后无法复原是正常自然现象，许多物理、化学或生物过程都不可逆。虽然不可逆的事情比比皆是，但不可逆的知识意味着很可能是对事物的歪曲或破坏，尤其是"丢掉了"属于整体的性质。还原论的另一个局限性是难以解释复杂性和不确定性的动态现象，复杂和不确定的动态几乎无法在技术上还原为稳定而简单的关系和性质。我们无法断言复杂动态绝对不可能被还原，但在实际上缺乏这种技术能力。这两种局限性是还原论难以自辩的短处。

于是，作为还原论的对立面，整体论就似乎振振有词了。整体论的形而上学假设主要是：整体大于部分之和，动态决定事物的关系和性质，复杂性不可分解，有机结构不可拆解，某些整体性的性质不可量化，还有个潜台词是，整体的性质比部分的性质更重要。按照整体论，事物被分解就失去了原有的整体效果，不仅整体性消失了，甚至事物也消失了，只剩下一堆无意义的细节。整体性确实是一个事物不可还原的存在论状态，不仅是生命、生物、人、社会、生活的性质，是有着内在协调性和复杂性的各类系统的性质，包括星系到宇宙这样的物理系统，也包括信息系统、观念系统乃至文明系统，这些整体存在都具有大于部分之和的整体性。虽然整体性的事实可以证明还原论的局限性，却不能因此推论整体论的知识论比还原论更正确，这是可以互相反驳却不能因此反证的两件事情。

整体论承认事物的整体性、复杂性和动态性，这在直观上是可信的，却一直没有能够提出可行又可信的方法，或者说如何认识整体性、复杂性和动态性的科学方法和实践技术，主要停留在想象上，就是说，整体论有认识整体的决心，其弱项是缺乏认识整体的能力和方法。因此，尽管整体论原则可能是正确的，但至今仍然是一种缺乏技术含量的形而上学话语，其"思辨的"话语即使精致如黑格尔，也缺乏科学或逻辑上可信的技术含量，而更多是语言能力和想象力。古代神秘主义都属于整体论，声称能够"直接"认识整体性，然而至今未见任何普遍必然有效的直接认识，只是神话而已。

人文的整体论还未见可信的成就，但科学的整体论在当代确实有了一些进展。"复杂科学"试图以科学技术来研究复杂性、整体性和动态问题，但似乎尚未取得决定性的突破。在复杂科学领域里提出的"因果涌现"理论（例如 Erik Hoel 提出的 theory of causal emergence）是整体论在近年来的一个比较有意义的理论推进，似乎在某类因果现象上证明了整体大于部分之和的假设。"因果涌现"的一个条件是"粗粒化",但粗粒化到什么"合适的"程度,似乎应该有一个可确定的经验标准,否则还是理论猜想。比如说,现代医学属于还原论,中医属于整体论,中医看见的因果关系就是基于粗粒化的,但似乎过于粗粒了,以至于许多其实不同的疾病都归为同样的原因,这样恐怕不准确。总之,整体论在技术化方面仍然是弱项。

还原论和整体论各自在某种条件下是正确的。如果一种还原具有保值性,那么还原就是最有效的知识生产方式。数学或逻辑的还原就是保值的,不存在"复原"的困难。在还原能够保值的条件下,复杂性就是一个事物的无效率表达,就可以还原为简单性。例如3÷6是一个不够节约的表达,简化为1÷2而保持等值,所以还原有效。还原的本质是简化,简化就是节约,但有的节约无法保值,所以并非所有事情都可以还原,尤其对于生命形态的存在,包括文明的许多事物,就不能满足保值还原的要求,因为很难确定哪些事情、哪些部分或哪些因素是冗余的,如果强行还原,只能歪曲或毁灭了价值。人人都会有这样的经验:试图"简介"某个电影、小说或诗歌作品,却发现只会破坏作品的意义。这种经验提示了一个道理:凡是可以简介而意义没有明显损失的文学或艺术作品,一定很差,而无法简介的作品才是好作品。文明事物的意义和价值往往就在于不可还原的整体性、复杂性和不可分解性。

哲学的还原论在基本信念上与科学的还原论是一致的，但另有非科学而仅仅属于哲学自己的思路，其目标主要不是化简，而更像是把需要解释的事情从一个无法分析的场所或层次"位移"到另一个能够分析的场所或层次。把移位称为还原，多少有些奇怪。例如"现象学还原"试图证明主观性内在地拥有客观性的思想对象，如果一定要说这是一种还原，似乎只能说是把外在性还原为内在性，但对还原这样理解还是比较奇特的。胡塞尔悬隔了外在事物的负担，把意识不能直接确认的所有判断都悬隔了——在此多少有点还原的风格——达到作为"现象学剩余"（phenomenological residuum）的"纯属所思的所思"（cogitatum qua cogitatum），即无论在经验中、想象中还是语言中都具有绝对同一性和内在客观性的纯思含义（noematic sinn）。胡塞尔喜欢的例子是，我们看到了、回忆起、想象着，还用语言表达了"一棵开花的树"，他说，这棵心中的树才是绝对的树，因为心中之树砍不掉烧不掉而永在。现象学还原很有道理，但具有绝对意义的内在对象并不能替代真实的外在事物，内在真理也不能解决外在世界的问题，这样的话，现象学何以成为思想和知识的基础，就比较可疑了。意向性建构出来的内在对象与外在事物没有等值关系，所以现象学不能有效说明外在世界，也不能解决外在问题。这类似小说与真实生活的关系，即使小说比生活更深刻，也不能代替生活。真正触及存在的事情必定发生在思想与外在事物的关系中，而不是内在于思想与纯粹所思之间。现象学还原获得的纯粹观念没有实践意义，这种还原与其说抵达了事物本身，不如说错过了事物的存在。

现代哲学中主要的还原形式是语言学还原。语言学还原有着强大理由：一切事物都表达在语言中，即一切事物都可以映射为语言描述，那么，所有问题都可以还原为语言问题（这里的还原用法也有一点奇怪，这里的还原实质是映射）。哲学问题真的可以还原为语言问题而能够保值吗？恐怕有些疑问。名词与所指对象之间确实存在着映射关系，关于事物的解释在很大程度上等价于对意义的逻辑分析，如果有些所指（referent）不适合逻辑分析，也可以转换为对"能指"（signifier）的语义学或符号学解释。不过，这两种"语言学转向"是背道而驰的，语言的逻辑分析使用的是与科学还原一致的化简方法，而语言的符号学解释属于整体论。这里我们不准备讨论两者的争议，而要提醒，这两种语言学的还原都局限于或只适合处理名词，而涉及历史性、生成性或演化性的动词问题就难以转换为语言内部的逻辑或语义问题，因为动词的落点在语言之外的存在论领域。这意味着，属于"意义"的事情都可以映射为语言问题，而属于"行动"的事情虽然可以在语言中表达，但不是语言问题，而是存在论的问题。

维特根斯坦的"语言游戏"表面上属于语言哲学，

实质上是很优越的行为分析模型,"游戏论"同时采取了整体论和还原论的方法。传统整体论的弱点是缺乏分析方法,"游戏论"的重要性就在于提出了一种整体论方法。正如维特根斯坦提醒的:要理解一个词语,就必须理解整个句子,要理解一个句子就需要理解整个语言,而要理解语言就需要去理解整个文化。因此,维特根斯坦从早期的还原论转向了整体论的语境-用法分析,基本方法是,理解一种意义必须分析用法,理解用法需要理解规则,理解规则就需要分析语境下的约束条件,还有实践范例,进而整个语言的性质,最后就需要去理解"整个文化"了。这个用法-语境的多层结构有着"俄罗斯套娃"的效果;同时,对任何分析都有一个止步限制,当分析进行到触底事实(bedrock),问题止步了,思想遇到了无可分析只能描述的"生活形式"(forms of life),其标志是,对触底事实的描述包含了对这个事实进行自我肯定的元描述,或者说,最终的触底描述的形式是描述与元描述一起出场:"(事情x是如此这般的)只能就是如此这般的,并且没有理由不是如此这般的。"在此又看见了还原论的方法。维特根斯坦把整体论和还原论的方法奇妙地结合在一起,解释了语境和规则如何对行为形成约束,同时分析了行为如何对规则和语境造成实践性的改变,于是形成了一个动态的整体效果,其中每一步分析都落实为实践的确认,而最终的确认是触底事实。按照维特根斯坦的说法,"所是"(what)是在"所为"

（how）中被建构的，因此，"实"不听从"名"，而听从"行"。

有趣的是，与游戏论同名的博弈论是同时代发展出来的另一种游戏理论，似乎有着"英雄所见略同"的问题意识，但要解决的问题完全不同。由冯·诺依曼开创而由纳什确立了核心问题的博弈论提供的是另一种广谱的分析方法。如果说游戏论的主题是"意义"，那么博弈论的主题是"回报"。两者都是解释人类行为的关键。游戏论试图通过规则、语境、用法、实例、解释力极限所共同合成的变量关系来理解任何一个行为的意义，而博弈论试图通过可能选项的约束条件、回报与风险的理性比例、理性化的价值排序所形成的占优策略来解释任何行为的理性值。游戏论和博弈论可能是目前对行为的最有效分析方法，游戏论可以有效地分析共同承认或集体承认的游戏规则（包括一切秩序）在实践中的实际意义是什么；博弈论可以有效地分析个体最优的可能理性选择是什么，进而分析集体选择形成的博弈均衡，这是一切制度和规则的生成根据。游戏论是整体论与还原论的混合分析，而博弈论也是还原论和整体论的混合分析，这暗示了，整体论和还原论可能同时有效。不过，游戏论和博弈论有一个共同的有限性，这两种方法都不能有效地解释创造行为，甚至没有涉及创造者问题，因此，我们还需要另外寻找对创造行为的解释方法。创造行为是人类行为中决定人类命运的基本事实，并非特例行为，而是很普遍的基本行为，正是创造行为建立了文明，所以创造者问题就是人类存在论的最基本问题。

在还原论和整体论之外，循环论是另一种重要方法，或许也是最古老的观念，历久弥新，应该包含某种深刻的道理。虽然一直很难证明循环论的普遍有效性，但循环论对于所有具有"生命态"的事物都不违和，似乎有着并非偶然的同构性。不过"循环"是个含糊概念，不很明确到底是什么事情在循环，更不知道何以能够循环。十分知名的历史循环论就很含糊，历史在何种意义上是循环的，似乎缺乏明确的可识别模式或标志，某些貌似循环的事情其实只是某种偶然巧合，并不能说明存在着必然的历史循环模式。在经验事实上，并没有一个历史故事是重复的，即使似曾相识，也可以说毫厘千里。相似性是意识的一个教条，相似性容易吸引注意力，但未必是事情的关键。人和大多数动物的基因相似度超过90%，人和黑猩猩的基因相似度好像达到98%，然而那"一点点"差异才是决定性的。人之间高度相似，做的事情也就高度相似，相似性正是循环论的基础。当然，差异性也可能是一个教条，在许多事情上，一点点差异并不重要。相似性和差异性都不足以证明或否定循环论，相似性和差异性有多大作用取决于什么事情和事情的什么方面。

循环论的魅力在于，一个事物在结构或系统上的循环性是显而易见而且普遍可见的，其典型是生命形态。

在文明秩序中，用来保证系统的完整性、一致性和协调性的机制就是循环结构。除了循环结构，似乎别无有效结构，尽管没有必然方法来证明这个事实。思想也不可能完全避免循环，而且循环就是思想的一种最基本功能。虽然不能肯定思想的循环性是因为语言的循环性，但两者之间有着密切关系。

语言有着神奇的循环结构：每一个词语或每个句子的意义都能够在一种足够成熟的语言内部被解释。语言能够解释语言内部的所有成分，这意味着，语言是一个能够反思自身的系统，既是一个能够表达任何和所有对象的系统，同时也是解释自身的元系统。不过同时有一个现象：语言对自身词语的解释并不是封闭性的，用法总是开放的，语言的意义永远具有创造性，因此能够承担和容纳无限发展的思维，这又意味着，语言是一个具有无穷性的系统，然而至今似乎还无法确认语言到底是一个"实无穷"系统还是"潜无穷"系统。按照乔姆斯基的理论，语言有着先天语法，能够保证生成无穷多的合法句子，那么语言就能够识别任何合法句子，包括尚未出现的句子，因此，语言应该是一个实无穷系统。但语言又似乎永远能够接受与语法不符的创新句子，甚至改变语法，这样又有潜无穷的能力。奇怪的是，语言似乎同时兼备了实无穷系统的内在一致性和潜无穷系统的无法预料的创造性。

语言具有的双重无穷性意味着永远可以产生新词语、

新用法甚至新语法，而同时所有的陌生或异己的新元素都能够在系统内被接受、解释和整合。这种特殊能力就在于语言具有自反性（reflexive），语言能够反思自身系统里的一切事情，即使这种反思永远不充分。这不仅意味着语言是自身的元语言，更离奇的是，语言的元语言也能够在语言中被反思，于是，语言同时是自身的元语言的元元语言的元元元语言……。而最离奇的是，语言中的多重元语言并不需要实现为多个系统，而是多重元语言在同一层次上自相关地出现，就是说，语言在形态上只是一种语言，却拥有多功能，可以"化身"为自身的元语言，以多功能来实现相当于多系统多层次的反思，使语言中的每个部分可以轮流被反思。语言的自相关或"自我纠缠"性质在侯世达（Hofstadter）的《哥德尔、艾舍尔、巴赫——集异璧之大成》一书中有详细讨论。[1]

语言兼备了无穷性和完备性，但不具备一致性，因为语言会产生悖论。悖论（paradox）实为人造现象，准确地说是语言现象，并不存在于真实事物之中[2]，真实世界里或有矛盾，但没有悖论，不可能有哪个事物跳出来说"我不是我"，只会说"我是a，与b对立"。事物不会

---

[1] 侯世达：《哥德尔、艾舍尔、巴赫——集异璧之大成》，翻译组译，商务印书馆，2019年。
[2] 悖论是人造产品，但有时被广义使用，强加于事物身上，然而事物本身不存在悖论，比如鸡生蛋还是蛋生鸡之类的"悖论"不是自然自身的麻烦，而是人的概念设定造成的悖论。

与自身过不去。悖论只是语言反思自身时偶尔形成的不正常表现，即语言与元语言在特定情况下粘贴为一体而形成的自身纠缠"偏码错误"。语言不可能完全避免悖论，但可以悬隔悖论（置之不理），悖论不影响语言的正常运作。人类思想能够反思自身，这种能力显然来自语言，经验、想象或"内在直观"都没有反思能力，无论多么神秘的感觉，都是非反思的能力。只有反思能力才是思想的根本。

除了语言，人类创造的另一种最重要的非自然秩序是制度。循环性也是制度有效性之所在，这一点与自然巧合，似有冥冥天意。如果一种制度具有足以经受多种困难而不会崩溃的鲁棒性，必定具有系统的内在循环结构，可以说，鲁棒性就在于循环性。不具备循环能力的存在都是结构脆弱的，难以应对外部性对结构的解构打击。循环却无法被解构，除非整体被摧毁。就显性结构而言，制度各个部分和各种功能形成互相支持又互相制约的结构，就是一种循环性。任何一种比较成熟的制度都具有这种内在循环性，以保证分工功能的互相依赖和互相约束，因此使各种权力、利益、权利和责任在循环结构中形成均衡而保持稳定性。任何一种摆脱了"循环均衡"的一元化权力都非常可能成为制度失灵的脆弱点甚至是崩溃点。所有比较成熟的文明通过长期的经验都发现了专制权力会导致制度失灵和秩序崩溃，只要权力不在制度的循环均衡中，就大概率成为制度的破坏者。

不过，现代理论相信民主能够解决一切问题，却是一个错位的故事。民主有能力防止独裁，却不能防止专制。民主未必能够建立循环均衡，甚至与专制一样也是反循环的一种形式。专制并不必须落实为个人或寡头集团的集权，在民主条件下，专制可以"另辟蹊径"实现为某种系统或制度性的专制，比如今天的金融资本、数字化技术系统以及社交媒体，都是超级系统性专制。如何建立制度的良好循环性是至今尚未解决的问题。

制度还有一个深层结构，即价值观。价值观不等于价值。价值意味着一件事情对于其他事情的意义、作用或重要性，或者说，价值是事实之间关系的一个函数值。虽然价值不是事物的客观属性，却是事实关系的一个确定值。与此不同，价值观是一种评价尺度，是"尺子"，是人对事物的主观定价。因此，价值观往往反对价值——主观定价几乎总是偏离价值，价值观只在很少时候才碰巧与价值一致。与直截了当的权力和利益相比，价值观都有掩盖其权力或利益诉求的假面具。价值观的一个假面具就是伪装为陈述句的祈使句。"x是好的"，真正意思是"必须要x"。"好"不是事物的自然属性，休谟已经论证了实然（to be）推不出应然（ought to be）。"好"的估值来自价值观，而价值观是洗白了的权力或利益诉求，表达为伦理学、宗教或意识形态话语。一旦思想被伦理化、宗教化或意识形态化，思想就死了。伦理、宗教或意识形态话语要求"事情必须如此"，实质上是在追求支配他人思想和行为的领导权。

伦理是最受欢迎的假面具。关于伦理学有一个长期的误解，以为伦理学研究的是"应该做x"，其实伦理学需要研究的是"凭什么应该做x"，即对"应该"的反思。至于"应该做x"，却是社会共识或某个集团的价值观，实为社会学和人类学的对象。伦理学搞错研究对象，为什么不去改正如此明显的错误？以社会学或人类学的眼光去看，大概是因为更多的人更想推广某种伦理而不是反思伦理。今天的伦理学在很大程度上已经变成意识形态的一种话语。

如果一个制度基于意识形态化的独断价值观，效果与专制相似，非常可能会危及制度的循环功能而失去活性。因此，一个有活性的价值观念系统也必须形成内在循环关系，即互相解释、互相依托、互为条件的关系，不能设定绝对最高的价值观，这样才能避免价值观的独断和专制。假定有一个价值观系统是这样的集合（自由、平等、公平、公正、和谐）——这只是简化模型，实际上任何一个价值系统都要复杂得多——这些价值观不能形成固定排序，只能在实践语境里形成特定而暂时的优先排序。实践中的价值排序是活的，取决于需要解决什么问题。任何时候都会有相对更为迫切的问题需要优先解决，因此价值排序只能随着问题的变化而变化。假如价值观形成固化排序，比如把自由或平等设置为绝对最高价值，就形成死结构，制度一定会形成脆弱点，系统也就缺乏复原弹性（resilience）而最终崩溃。如果认定某种价值观是绝对先验优先的，把价值系统做成金字塔结构，多半会把文明搞死。没有最高价值，只有在循环中同样重要的多种价值，这种结构才能保证文明的持久存在。

{ 十七 }

自反性与自明性

生命模式的循环结构容易理解,因为是"正常的",被称为良性循环。但自反性(reflexivity)也称自相关(self-reference)的循环却是"不正常的",有时会产生坏循环,比如悖论。悖论的危害可能被夸大了,前面分析过,悖论只是偶尔特例,而且可以置之不理而不影响正常思维,可以避让的都不是要命问题,类似于说,我们不可能抓住头发把自己提起来,确实做不到,可是为什么非要把自己提起来呢?生活里没有这个必要。自反性的重要性远远超过悖论的危害。自反性是智慧生命的特质,自我意识标志着智慧生命的高级意识,至少目前是这样假定的,未知的外星智慧生命或有更高级的意识形式也未可知,比如说不仅具有"我知道(我在如此这般地思考x)"的意识,而且还具有"我知道(我在如此这般地思考x并且别人在如此那般地思考y)"的直通互知意识。这个想象并非完全是臆想,人类其实也有"一点点"

互知意识，只是比较间接。在社会化的条件下，人类已经形成了比自我意识略为复杂但有限的互知意识，所谓"共同知识"（common knowledge）[1]，即"我知道（你知道｛我知道＜你知道……在如此这般地思考x＞｝）"，或者"聚点意识"（focal point。托马斯·谢林的概念），类似"心有灵犀""不谋而合"。互知的基础是自知，而自知是关于思想自身的一个终极形而上学问题。

关于自知意识，似乎还未能完全解密，心理学和脑科学至今仍然是相对未成熟的科学，尚无充分的解释。大脑太复杂，据说其复杂程度相当于整个宇宙，甚至更复杂。不过科学解释是否有效并不影响这里要讨论的形而上学问题。意识本身难以分析，但思维的自反结构却映射在语言系统或观念系统中（两者同构），因此可以进行"哲学的"分析，当然也远远达不到透彻的理解。

对任何事物进行描述或批判，都需要用来生成描述或批判的观念，我们并非直接"看见"事物是如此这般的，而是根据事先就位的观念把事物"看成"如此这般的。观念的进一步根据还是观念，不过"观念的观念的观念"的逻辑追溯链条在事实上并非无穷倒退，正如维特根斯坦发现的，追问一个事情或观念的根据，用不了

---

[1] 共同知识的概念通常由博弈论来解释。最早发现共同知识的可能是孙子，所谓"知己知彼"。博弈论虽是当代理论，但如果追溯最早的意识，孙子、管子、老子、孔子、荀子、墨子以及兵家和纵横家们都有所发现，只是没有形成理论。

几步就追问到了退无可退的最后"基底"(bedrock),观念触底了。无穷性是数学和逻辑的概念,真实世界都是有穷的或有底的,不存在无底洞。其实人们早就意识到这个有趣的事情,有一个记不得出处的寓言(似乎是印度故事)这样说:有个喜欢究根问底的儿童问,大地下面谁撑着?父亲说,神象。又问,神象下面呢?神牛。神牛下面呢?神龟。神龟下面呢?父亲词穷了,于是说,还是神龟,下面所有全都是神龟了。逻辑可能性是无穷的,但实际想象力是有穷的,实际事物也是有穷的,于是产生了一个无法回避的终极问题:观念系统的基底观念从来就没有被证明,只是为思想所默认而已。

对于长期无明显变化的传统生活或传统哲学来说,未加证明的基本观念也从来没有遇到严重挑战,甚至被认为是不证自明的天经地义。没有危机就没有反思。中国传统思想在两千年里很少反思过天、道、性、理、心、仁义、中庸这些基本概念是否不合理;类似地,大概在分析哲学之前,西方主流传统哲学也非反思地默认了整体、因果、现象、本质、实体、形式、心灵(mind)、自我、物质、精神、终极目的、存在和无(nothing)之类的基本概念。这些形而上学概念多半都经不起逻辑分析和怀疑论的质疑,在分析哲学看来,都不同程度属于"有病"的语言。人们不加反思地使用这些有疑点的观念,因为它们已经是最基本的观念了——如果不用这些观念,又用什么?"基本性"是拒绝反思的最大理由。

在今天的意识形态化世界里，不被反思的观念已不限于基本观念而扩展为一个很大的集合，包括多种价值观或政治概念，比如各种各样的人权、个人权利，各种各样的平等或自由，都以"政治正确"为由而拒绝被反思。非反思观念集合的膨胀不是好事，意味着思想中隐含的互相矛盾、自相矛盾和悖论的巨大增量。任何制度或观念系统都有隐患，只是没有遇到严重危机就似乎不需要反思。百年前的数学危机表明，即使最可信的观念系统也会出现危机。我们无从得知其他智慧生命是否有哲学，但可以肯定，只要思想需要为自身奠基，就需要反思地证明自身，就会有等价于哲学的思想。自反性是任何思想必然会遇到的终极难题。

语言既是思想的字典，也是自身的字典，前面讨论过语言的这种神奇性质。语言的自相关能力默许了一种安慰性的反思错觉，让人以为，意义分析就等于反思了，其实意义分析只是语言学或逻辑学的技艺，不是对观念的证明。对意义的说明不等于对观念的证明，这是两件不能互相替代的事情，前者是语言的自反性问题，后者是思想的自反性问题。

思想动用自身来反思基本概念或基本命题，试图证明基本概念或命题必然如此，或者是最优可能性，这就形成了对思想的极限挑战：自己如何才能证明自己？自我表白不难，在语言上很容易做到，相当于说"我认为我是对的"，但自我表白不是自我证明，因为什么也没有证明。以a证明a是无效证明，只是自我表白，而自我表白不足采信。证明需要无疑的证据（evidence），找不到进一步的证据时，就需要证明基本观念是自明的（self-evident），本身即证据。然而"基本观念是自明的"这个命题却不是自明的，可见自明性是一个不清楚的概念。在直观上，自明性相当于说"（p是真的）明明就是真的"。但这种说法实质上等于自我表白。如果自我表白是可信的，世上就无所谓骗子了。但如果自明性不是真理的铁证，思想就陷入了绝境。在触底的思想层次上，除了自明性，似乎没有什么别的证据了。

自明性是个谜。一个例子是欧几里得几何学的平行公理，平行线命题不能由其他公理推出，所以不是定理，而又是必需的，只能设为公理，幸亏它看上去是"自明的"。罗巴切夫斯基和黎曼分别改动了平行公理而创造了另外两种非欧几何学。有个调和的解释认为可把欧几里得几何理解为非欧几何的限定性特例（据说当空间尺度非常小，小到人的生活尺度，欧几里得几何就成为正确的），但这个说法在我看来有些可疑。即使空间尺度小到蚂蚁的生活尺度，非欧几何也不可能变成欧几里得空间，因为那是两种不同的空间概念，差异不在于尺度，而在于存在论的设定。

如果我的理解没有错的话，欧几里得空间——横平竖直坐标所定义的无限空间——并不是物理空间，而是形而上的空间，是一个逻辑定义出来的纯粹可能世界，有别于物理世界。点线面都是理想化的纯粹概念，在真实世界里不存在，因此欧几里得空间实际上不存在，只是能够应用于经验的先验概念——欧几里得空间就是康德寻找的先验概念的最好实例，即本身不是经验的，却可以用于经验，所以是先验的（transcendental）。欧几里得几何学的形而上空间是根据先验定义生成的，并不是按照外部空间的如实表达，因此，在欧几里得的形而上空间里，平行线的确永不相交，尽管真实空间里的平行线是总要相交的，这是不同空间里的不同真理。如果这里的解释是对的，平行公理就不是错误，因为平行公理已经先验地依定义而为真，并且其真理性似乎是自明的。

但这里提出了两个严重问题：（1）根据定义生成的先验命题其实仅限于先天（a priori）为真，并不能普遍必然地保证先验为真。这意味着，从先天性导出先验性的康德计划没有成功。这个例子显示，欧几里得定义的空间可以先天为真，但并不能因此证明对于所有经验达到先验为真，而非欧几何才是在所有真实经验里为真的。这个事实证明了，康德式的先验命题在逻辑上无法排除其他可能的竞争性命题，别的命题完全可能在经验上普遍为真。因此，康德的先验性不能被证明等于普遍必然性，或者说，康德的先验性不能保证在经验上的完备性，不能覆盖经验的无穷可能性。于是我们不敢那么信任先验论。（2）即使在欧几里得定义的形而上空间里平行公理先天为真，但先天为真的公理如何显示其自明性，或在何种意义上是"自明的"仍然是一个未决问题。许多先天真理,比如平行公理,都涉及无限性或无穷性,我们就于心不安了。无限性或无穷性不可能是自明的,人类永远不可能提供关于无限性或无穷性的经验证据,就是说,无限性或无穷性不可能"眼见为实"(evident的意思就是眼见为实)。有个故事说,一个学生不相信平行公理,要求老师"把平行线一直无穷地画出来看看"。虽是笑话,但切中要害:先天为真也未必是自明的。

自明性既然是直接自明的,就应该具有"无中介"(immediate)的真理性,即仅凭定义的语义而无需任何其他因素而普遍必然为真。自明性既然是无中介的,就排除了推理为真,只能是语义上必然的或"分析的"而为真。有两种情况:一种属于等值式(≡),即一个基本概念的可能解释完全等价于其定义,相当于同义反复;另一种是分析式(≥),即一个概念的解释包含于其定义。诸如"单身汉"必然蕴含"至少存在一个没有结婚的男人"。不过语义的自明性不能解释经验,并非我们真正为之苦恼的"存在论的自明性",即一个概念或命题承诺了某种存在,并且仅凭其本身而为真。

分析命题有着语义自明性而必然为真;还有推论命题,如果推理正确,也必然为真;还有经验命题,如果其描述能够与事物状态建立映射(哲学的说法是"符合"),则构成有效知识——未必为真,但有真值,即具有可证实性或可证伪性;还有文学语句,在虚构的可能世界里为真。显然，我们学到、听到或说出的绝大部分命题都是有理由的，或根据定义，或根据前提，或根据外在事物，或根据虚构世界而生效，但思想所需的起始概念和命题却反而未必为真，这些观念虽然不多，却是全部思想的基础。奠定思想对象–意义域的起始概念和命题是思想创作出来的。从平行公理的例子可知，起始概念或命题可以具有语义分析的自明性，但语义或分析的自明性对于思想是不够的，我们需要知道思想指出的对象是真的，这是要害之所在。思想可以定义某个可能世界，但这个可能世界如果是有意义的，就必须满足（1）或者是对真实世界的有效说明；（2）或者开启了某种可能生活；（3）或者创造了某种新经验。总之，一个有别于真实世界的可能世界对于真实世界必须有某种价值，否则无意义。因此，一个可能世界仅仅在语义上是自明的是不够的，还需要"存在论的自明性"，这意味着，一种被创造出来的存在或者经验必须直接证明自身的意义，或者说，在场就是其价值的证据。

比如0是人创作出来的一个功能，是一个虚拟的存在状态，自然中没有一个状态是0，类似于"无"（nothing）也是语言的虚构，是一个语法功能。0作为一个功能对数学非常有用，其意义几乎是自明的，人人都看出 $x+0=x$ 自明为真，但要清楚定义0却不容易，需要很啰唆的说明，例如皮亚诺的定义：0是一个自然数；每个自然数都有一个后继的自然数；0不是任何自然数的后继……与0相比，数字1似乎更加自明，没有人不能直接地理解1，但奇怪的是，想要定义1却非常难。罗素通过十分费力的分析才获得了关于1的一个精确定义，但少有人能够直接看懂，反而不是自明的。彭加勒笑话说，对于不理解数字1的人来说，那可真是个牛逼定义。显然没有人需要通过高深的定义来理解1，布劳威尔认为意识内在地就有关于"一者"（oneness）的直观，不需要苦苦学习1的定义。这个笑话涉及自明性的深刻问题。精确定义需要复杂分析，但复杂的分析已经借助了太多的概念、公理和定理作为中介，早就不是自明的了——自明性意味着中介为零。令人困惑的是，复杂分析所依赖的那些基础概念和命题必须是自明的，就是说，起始观念必须具有"存在论的自明性"：其存在直接显示本身为真。如果没有自明的起始观念，思想何以可能？可偏偏很难证明一个观念是自明的。

思想的起始观念，地位相当于数学系统的初始概念以及公理，起始观念何以自明？何以为真？必须有个解释，否则整个思想总有疑点。自明性之所以成为难题，是因为语义自明性不够用，而存在论的自明性又很难证明。自反性虽是知识论提出的问题，却是在知识论里唯一无法被解释的问题，它是知识论的界限，实质上是一个关于创作的问题，即创作如何让一种存在能够自证其意义。我们没有能力也没有理由去证明自然或宇宙的存在意义，也许没意义，只是存在，然而对于文明，人类的创造物必须有意义，否则无须创作，所以思想必须解释自身的意义。

维特根斯坦清楚当知识触底就不再有知识论问题了，只有不可说而"显示自身"的思想界限（前期理论），或自己显示自己的"生活形式"（后期理论），无论是思想界限或生活形式，都意味着解释链条的终结，因此他相信思想到此为止。然而，知识论的结束并不能推出哲学的结束。维特根斯坦用"界限"或"触底"来表明"事情就是这样的而不是别的样子"，等于回避了思想的自反性。这是一个似是而非的深度问题。假如维特根斯坦是正确的，就必须满足这样一个条件：基本观念或基本生活形式确实只能是这样的而不可能是别的样子，即只有一种可能性而没有别的可能性，简单地说就是别无选择，没有替代品，否则维特根斯坦的结论不成立。可是显然无法排除思想和生活有着其他可能性，或其他选项，尤其是考虑到思想和生活是创造性的，也就可以有别的创作，就是说，思想和生活有着由无数可能世界和可能生活构成的"存在论的储量"。当以虚拟句型说出虚拟的可能性，就已经点明了事情并非只能这样而不能那样的。因此，知识的终点不是哲学的终点，反而是哲学的真正起点，这里涌现出"后维特根斯坦问题"，即起始思想的创制性和自反性，由此进入创造者视域，不再属于知识论而是创世论了。

虽然虚拟句型暗示思想和实践有着"无数"可能选

十七　自反性与自明性 | 183

项，但思想或实践都在寻找即使并非别无选择也是可想象的最优可能性，这是一种真正的"进化"冲动或意图，与自然进化不同。假定自然确实发生着达尔文式的进化（进化论实际上尚未被充分证实，存在很多疑点），其物种进化并非趋于尽善尽美，更可能是因陋就简，因地制宜，得过且过，相当于物种与自然环境和生存条件达成一种最容易存活的均衡，恐怕不是拼命去追求最大值或最优值。除非生死关头，动物从不拼命，植物和动物都不是理想主义者，人类才是，所以，追求"越来越好"的进化只发生在人类世界里——不要忘记，前面论证了人类并不真的知道什么是好的，所以"越来越好"是一种主观看法。总之，自然只有变化，人类文明才发生了所谓的进化（在技术和知识上），尽管不知道好不好。人类没有能力知道什么是真正好的，但追求更好甚至最好的可能性却是人类的真实努力。

即使是怀疑论，也不可能怀疑所有或任何事情，至少需要某个或某些真正可信的事情，笛卡尔是这样想的。即使是不相信先验论的休谟，釜底抽薪地质疑了因果观念，也不至于激进到质疑先后顺序，这意味着他还是预设了形而上的时空概念。因此，或许真有某些基本观念是别无选择的，或限于人类智力而想不出更好的选项，然而要证明哪些观念对于思想是别无选择的，却非常困难，其难点在于找不到能够证明这一点的方法。我们不缺想法，但永远缺办法。

证明推论不难，有了逻辑，这个问题就解决了，逻辑确立了保证后件必然为真的方法。但要证明一个基本观念或起始观念是绝对必然的，几乎无望，比较现实的目标是去证明基本观念是最好的，如能证明是唯一好的就更好了，但也非常困难。存在着无数可能性的思想"洪荒空间"，天宽地阔，凭什么证明某个观念是最好的甚至是唯一好的？除了哲学的反思，真实生活里没有人会劳神思考如此不正常的问题，人们会满足于"不错"的选项。哲学的反思虽然不正常，却在基础问题上无法回避。

尽管基本观念的疑点很多，但某些普遍必然的观念似乎是有的，比如逻辑和数学，但数学和逻辑仍然不足以建构整个人类生活。先验论可能过于自信或过于理想主义了。对于建构人类思维的可能空间，是否存在着某些观念是必要的？这意味着至少需要满足两个条件：（1）某个基本观念对于形成一个必要的思想空间具有不可减省性（indispensability），并且（2）对于一个观念系统，基本观念的意义能够通过所在观念系统的内部关系来确定，即成为观念系统内部关系的函数值。

关于条件（1），要证明一个基本观念的不可减省性，最好的方法是为其建立一个"先验论证"（transcendental argument），似乎也没有更先进方法。先验论证的测试版是笛卡尔的我思论证。如果进行历史追索，可以把原始版归于奥古斯丁，不过奥古斯丁对我思的论证并不完整，只能算是"先声",因此,真正生效的测试版还是属于笛卡尔。笛卡尔只是使用了先验论证,却未将其总结为方法。康德的先验演绎才是先验论证的成熟版。先验论证的技术性在逻辑上很简单,是归谬法的一个变种,大概格式是:事实上存在 q(有实证),而对 q 的任何可能解释都必须借助 p,并且,如果省略 p 就导致 q 成为不可能,甚至,反对 p 的论点也暗中承诺了 p,那么,p 对于 q 就是一个必要的先验条件。类似于说,如果必然存在着 q 到 p 的逆运算,那么 p 是 q 的先验条件。在康德知识论里,一个观念具有先验性(transcendentality),就意味着这个观念是先天的(a priori)并且在经验上有着无例外的有效性,那么这个先天观念就同时是一个先验观念。如果一个先天观念能够满足先验论证,就相当于这个先天观念是自明的。

条件(2)意味着一个观念系统有着内循环解释的能力,以至于能够以内循环来解释每个概念的意义。一个系统内的基本观念本身未必都是自明的,但系统内的循环解释却能够创造相当于"自明性"的效果。自然语言就具有系统内循环的解释能力,但自然语言不是封闭系统,因此,语言对概念的解释在丰富性上超过严格性。严格的封闭循环解释只能在现代公理系统中来实现,例如希尔伯特的公理化几何学(欧几里得几何学的现代完美版本)。欧几里得几何学对"点线面"的定义求助于语义自明性,这种字典式的定义虽然容易理解却不够严密。[1]希尔伯特的策略是对"点线面"这些基本概念不做语义的直接定义，而通过系统基本关系的公理来建立对基本概念的意义约束而达到定义的效果。例如以一组结合公理来解释"点线面"之间的关系而形成"自明的"定义：（1）过A，B两点有一直线a；（2）过A，B两点至多有一直线a；（3）直线上至少有两点，并且至少有三点不在同一直线上；（4）过不在同一直线上的三点A，B，C必有一平面a，在每个平面上至少有三点；（5）过不在同一直线上的三点A，B，C至多有一个平面；……希尔伯特通过关系公理完美地确定了一种几何学空间。这个例子或可说明，循环解释的关系或许更有效地形成概念的存在论自明性，就是说，循环解释的关系不仅确定了

---

[1] 欧几里得对基本概念的定义（《几何原本》）有着直观上可理解的优势，例如"点是没有部分的存在"，"线只有长度却没有宽度"之类。此类描述性的定义的"直观性"并没有想象的那么一目了然，并非完全依靠感性直观就可以理解，其中暗含着相当高明的形而上学理论含义，比如要理解"没有部分"的存在，就需要理解整体与部分的希腊形而上学假设，未必是普遍的知识。墨子对几何学有初步发现，一些基本定义虽与欧几里得不同，却也有独到之处。墨子的点称为"端"，这暗示关于线的理解先于对点的理解，点只是线的起点，实为对线的说明。定义为"端，体之无序而最前者也"（《墨子·经上》），又解释为"端，是无同也"（《墨子·经说上》）。意思是，点是自身不在次序中间而居最前者的那个位置，并且，一个位置上不能有两点。墨子的定义也很高明，由此或可推想，如果墨子来建立一种几何学，其首位概念可能是线，而不是点。但也有不同版本，据说梁启超把古本之"无同"改为"无间"。但无证据说明墨子的原义是"无间"。如果是"无间"，就非常接近欧几里得了，无间的意思差不多就是"不可分"。"无间"之说或是附会西方几何学的解释。假如墨子的原义是无间，恐怕就不会使用"端"。端者，尺之端也。

基本概念的存在,而且通过互相约束而创造了基本概念的自明意义。系统的内部循环解释非常接近自然系统的情况,几乎相当于天人合一,自然没有给万物下定义,而是在万物相互关系中形成每个事物的明确性质。

对于一个观念系统来说,基本观念的自明性甚至比系统的一致性和完备性更为重要。虽然一致性和完备性是观念系统的理想化指标,但绝大多数观念系统既做不到也无必要。哥德尔证明了即使是数学系统也往往不完备——数学系统会选择保证一致性而放弃完备性,否则系统崩溃。一般来说,对于以真理为准的观念系统,比如数学和科学,系统的一致性比完备性重要得多,但对于以价值为准的观念系统,比如人文和社会科学,一致性虽然也重要,但能够处理多变甚至无穷可能性的完备能力比一致性更重要一些,因此倾向于保证观念系统的开放性而容忍漏洞、悖论或矛盾。但无论一致性还是完备性,都不及自明性重要,只要基本观念是可信的,思想的漏洞、悖论和矛盾都不至于颠覆观念系统。

这里的讨论试图说明,思想对自身的反思终究不可能有一个知识论的彻底解释,即使偶然能够证明某些基本观念是自明的,也不足以证明基本观念是好的。因此,思想的自反性困惑不是自明性,而最终是创作问题,即思想如何创造自身。

{十八}

小写的创造者

在结束讨论之前,可以简单回顾本书的论点。哲学的根本问题是创造者的"创制"困惑,也可以说是"动词"如何创作"名词"的问题。主导哲学超过两千年的名词哲学因其视域局限而忽视或错过了关于创制的问题,也因此无法解释人类如何成为自身存在的本源。名词哲学寻找必然性的定论,而动词哲学思考可能性的理由,各有不可替代的意义。在动词的问题域里,可能性是存在论的基础。存在有着复数可能性因此有未来,有未来的存在才是存在。基于变在(be-coming)概念的存在论就在根本上有别于基于不变存在(being)概念的存在论,于是得以展开存在作为动词的问题。更重要的是,创造意味着起源,意味着一种存在状态或一种存在秩序的开始,因此,创造性的动词就是存在的本源,也是所有问题的根源,是导致所有问题的那一个问题。正是创造性的动词把创世论与存在论两者结合在一起。

按照神学的创世论，上帝可以任意任性地创造，这种绝对自由使上帝的工作变得无聊。上帝有着无穷能力、无穷知识以及无限自由，可以任意提出问题，也可以任意解决任何问题，还可以任意改变任何问题的任何条件，这种游戏毫无难度，也就失去意义。上帝的一切动词都与意识完全同时，所以上帝只有一般现在时，无穷多的可能世界同时在场，在现在时之中无一遗漏，也就没有历史和未来，所有时间无差别，也就没有任何事情需要反思。上帝不需要反思，也不需要人替上帝反思。

唯有人类的创世论才是需要并且能够被反思的创世论。人类的创世行为直接决定了人类的存在状态，人类创世论就是对人类存在论的解释。作为创造者，人类成为存在的本源，但人类没有全知全能，也没有无限自由，因此人类的创制必须有所限制才能有所成，必须自由地选择不自由才能够实现创制。正因为创造是不自由的和有条件的，所以产生了意义和价值；也正因为人类创造的是不完善的世界，因此有历史也有未来，以及解决不完的问题。在成为创造者之前，人类尚未成为主动的动词，只是被动生存，存在尚未价值化——生存本身没有产生价值，只是单纯的存在状态。当人类变成创造者，存在落实为创造性的动词，意识对象从被给予的事物扩展到可能世界，于是以可能性为参照系而为一切事物赋值，建立了非自然的秩序，创造了自然本来所无的意义。如果没有可能性作为参照系，任何事物都只是本然存在，只有功能而没有意义。当人按照可能性把存在变成另一种存在，事物才有了赋值。价值和意义是人类加之事物的秩序。

当存在与生存完全一致，就不可能产生伦理学。伦理学是存在与生存不一致的产物，意味着超越了存在的存在，在存在之上的价值成为存在的意义（相当于后来我称为"存在的高贵化"的问题）。只要超出了自然存在的值域，即价值超出了生存的需要，就产生了无法解决的伦理学难题，同时也是存在论的难题：人类不知道也无法证明什么是真正好的。这不是自由能够解决的事情，而是一个在自由之上的问题。人类的自由不仅在自然上受限（生命有限、智力有限、能力有限），而且在文明上受限，人类创造的一切秩序都是用来限制自由的，如果不限制自由，就一事无成，甚至无法生存。对自由的限制正是人类用来解决生活中绝大多数问题的方法，这是一个显而易见却容易被忽视的事实。自由地选择不自由的存在，正是人类得以持续存在的重要条件，所以人类是非常有限的"小写创造者"，人类必须谦虚。

现代思想尤其启蒙思想是人类不谦虚的开始。启蒙思想是认识者哲学的顶级产品，人类被定义为超越万物的主体性，一切事物都被看成主体性视域里沉默呆滞而被动的知识对象。知识论的主体性进而又升级为价值论的主体性，以为人可以自由地规定价值。从知识为自然立法升级到自由意志为价值立法，这条康德路线定义了令人激动不已的"大写的人",以至于不再尊重自然和事物,以为实现了人是万物的尺度。这种不谦虚已经给自然带来了灾难,人把自我定义为绝对价值的自恋观点也将人类引向导致自我挫败的傲慢,事实上人既不伟大也不高尚,不谦虚很可能成为人类最大的风险。启蒙观念是伟大而危险的思想,"大写的人"这个想象所蕴含的风险或"增熵"状态逐渐超出了人类的控制能力。不过,在康德时代,"大写的人"还没有形成严重的问题,相反,只是展现了人类的光辉。

现代性的"熵增"过程是缓慢展开的,危机的爆发明显滞后,一直到当代的"后启蒙状态"才形成难以解决的各种危机。这里没有能力讨论"各种危机",只限于分析现代性在哲学观念上的基本危机。现代以个人自由为最高价值,进而以自由的相关度来展开其他价值排序。这个楼梯结构是一个低修复力的不良结构,在结构上是脆弱的,属于机械主义的设计,这是现代性在结构性上的一个疑点。最优的系统结构是循环结构,具有最强的修复力因而具有鲁棒性(robust)。现代价值系统的楼梯结构无法自证其价值排序的合理性,因此经不起怀疑论的质疑。为了拒绝怀疑论,楼梯结构的价值系统就只能实行意识形态化来形成压倒性的"社会主流观点",所有意识形态都声称自身已经"证成"(justified),其实没有一种意识形态能够"证成"。这是第二个疑点。启蒙思想开创的思想自由局面在当代已经退化为意识形态统治,这是价值的楼梯结构所决定的。

真正的挑战往往不是来自系统外部,而来自系统内部。自由的第一位置在自由概念的内在分歧中被动摇了,这个事情出现在"后启蒙状态"的后现代当代。概念上的自由(freedom)必须落实为实际的自由权利(liberties)才生效,否则只是一纸空文。没有落实的自由就不能定义"大写的人",可是自由严重受限于现实条件,于是,自由的目标由实质自由转向了价值自由,就是说,既然自由的概念无法兑现为存在论上的自由,那么至少应该兑现为价值上的自由,但这里正是自由的事故现场。假定每个人都是"绝对目的",每个人都拥有价值主权,每个人的价值观都不能由他人或社会来决定,结果必定是每个人与每个人在价值观上形成冲突。

自由的冲突并不难解决,已知的最优解是以赛亚·柏林的观点,即把自由限制为"消极自由"(negative freedom)。如果能够保护每个人的消极自由,哪怕价值观有分歧,也能够相安无事。但当代人不满足于消极自由,人人都想贯彻自己的价值观,试图实现自己的"积极自由"(positive freedom),于是自由就发生互相冲撞的事故。当代对这个事故的解决并非收敛为无冲突的消极自由,而是变本加厉地纵容自由演化出自由最有力的竞争者或"掘墓人":平等。既然人人都不愿意放弃积极自由,自由的第一地位就无法避免地让位于平等。这不是一个解放的故事,而是贪心的故事。假定人人都谦虚地只要求消极自由，每个人都不能侵犯他人权利，这一步是和谐社会；然而至少一部分人想要积极自由，而积极自由是互相冲突的，于是产生社会矛盾；继而人人都想要积极自由，逻辑上的唯一出路就是以平等来满足人人的积极自由；接下来就成为灾难了，当平等取代自由成为第一价值，人人都有充足理由不妥协，"让步"的概念失去意义，社会就必定失去价值共识而导致分裂。每一种价值观都要求被社会、被他人甚至被所有人承认，假如不予承认就被指控为"政治不正确"。多元的价值主张之间无法兼容，即使部分内容可兼容，在权力上也无法兼容，于是导致社会的严重增熵，一个社会乃至整个文明将会趋于分裂和无序。

表面上看，价值多元化意味着增加了许多观念和价值，似乎是一种繁荣，然而事实上却是每种价值的普遍贬值，就是说，价值的多元化导致每种价值的贬值，原因是，多元的平等消除了价值标准，最后将导致每种价值观的"租值消散"。平等意味着等价，一切等价就无所谓价值了，结果就是每一种价值都有价无市，没有一种价值观会去承认别的价值观，等价的价值观就一起失去了价值。多元的去中心运动可以消解专制、权威、中心、等级之类限制自由的事情，然而其副作用是，"各个元"互相不承认而导致互相消解和互相抵消。承认任何事物都有不可比较的价值，这种过于慷慨的政治承认必定是廉价的。多元化、解构或去中心化即使成功地取消了权威、权力和等级，其结果并不是人人平等，而是一切价值的"租值消散"——任何无门槛、无标准、无代价的事物都会以租值消散的方式失去价值。需要注意的是，当代的后启蒙观念不是启蒙思想的反面，而是其极端化的运用，然而物极必反，启蒙思想的重要观念，包括自由、平等、个人权利、主体性和价值自主等观念，一旦被不留余地不加约束地极限运用，就会适得其反地互相消解或自我解构。

长期来看，结构比解构更有力量。即使某种结构或权力被摧毁了，任何一个社会仍然会自动形成新的权力。在充满后启蒙话语的当代社会里，国家和政府这些旧版权力正在收缩，而新的权力中心和结构正在形成，金融资本、新媒体和高新技术合一的新型权力，可称为"系统化权力"，将生成更结实的结构和更大的控制力，将成为比传统政治的"专横专制"更有渗透力并且难以脱身的"黏性新专制"。资本、媒介和技术合一的系统化权力几乎占有生活所需的全部信息、知识和标准，还有交往通道、交易平台以及生活所需的技术支持等一切"中间环节"，从而建立起人人所需的无所不包的服务系统，进而通过全方位控制生活而控制社会，通过控制社会而控制政治。这种黏性新专制才是现实的真相和未来。这说明，人们可以解构"某种"权力，但不可能解构"任何"权力。人们还在批判半死不活的旧专制，新专制已经生长为未来的最大威胁。

尽管忍不住地同情理想主义，但还是必须说，大多数危机都来自理想主义。理想主义的根基是以真理为目标的认识者哲学，假设了人能够认识必然性、终极真理和绝对价值。但这是不可能的目标，在无穷多可能性里设想必然性、绝对性和终极性是不可能的。从历史观点来看，观念论的自信或与古代的"慢事实"有关。在时间很长而变化很慢的古代里，观念先行于并且引领着现实，就好像观念提前看见了现实的终点，虽是错觉，但错得有道理。随着文明发展的全方位加速，观念与现实的距离缩短了，现实逐渐赶上了观念，甚至超过了观念。启蒙思想大概是最后一次观念领先于现实，启蒙观念引领了现代世界。不久之后，科学和技术的发展创造了几乎全新的现实，观念开始落后于现实。启蒙哲学的基本精神与牛顿力学、达尔文进化论、古典数学是合拍的，但与相对论、量子力学、集合论、基因生物学、复杂科学、博弈论是不合拍的。尽管启蒙话语惯性地持续，但启蒙哲学却落后于20世纪以来的科学和现实。现实已经反过来领先于观念。

现实领先于观念的现象在当代已经非常明显。晚近百余年来的物理学、生物学、数学、互联网、基因技术、人工智能、技术化的生活世界以及政治变局所蕴含而未被充分反思的哲学问题已经领先于哲学。现实领先于观念的转变临界点在哪里，这需要研究，恐怕不容易断定，这个巨变是过程性的，而且临界点由多种线索汇集而成。

如果观察的是科学的临界点，则可能是量子力学和生物学；如果考虑的是政治与文化，可能是第二次世界大战；如果以技术为标志，则应该是互联网、人工智能和基因技术，如此等等。可以肯定的是，现实领先于观念的大转变以复杂性、动态性和不确定性的问题质疑了传统的观念论假设。

启蒙主义及其后启蒙变种的思想资源在今天已经基本耗尽而落后于现实，甚至已经与现实不兼容。理论物理学、宇宙物理学、量子力学、基因生物学、复杂科学、博弈论以及人工智能、大数据、互联网等科学和技术所建立起来的新现实基本上不支持启蒙思想框架里以个人为结算单位的自由、民主、平等、历史终结之类观念，当代无论何种"政治正确"观念基本上都"科学不正确"。历史终结论在科学上完全不正确，是荒谬的当代迷信；试图掩盖生物学差异来建立平等，在科学上也不正确，真正有意义的问题是，在给定差异的情况下，如何建立对人人有益的平等。启蒙主义观念应用于现实而适得其反的典型故事是互联网世界，互联网平台并没有如预期的那样实现心灵、意见、知识、对话和理解的自由、平等、真理、多元和博爱，反而加强了互相敌视、意见分歧、共识破裂、顽固偏见、互相鄙视和知识噪音，理想主义的观念反倒是与信息、数据、市场和服务的控制和垄断形成了合流。观念本身不是错误，但落后于现实就意味着观念需要升级。

绝对主体性定义的"大写的人"是一个神话。比不敬天地、不尊重万物的僭越想象更严重的是，绝对主体性在逻辑上隐含一种大恶。绝对主体性似乎尊重抽象的人，但不尊重真实的他人。一个主体遇到另一个主体，应该形成对称和对等的关系，这意味主体性不可能成为绝对的，而只能是相对的、有条件的和有限的。列维纳斯发现，只有把他人理解为高于我的超越者，主体性才可能是善意的。可是如果主体性坚持自身的绝对性，就不可能承认他人高于我，甚至不承认对等关系，也就不可能是善意的。主体性试图为万物立法，而更想要为他人立法，这是一个不善良的潜台词。如果从主体性概念中去除为他人立法的原则，主体性的概念就毫无新意，就没有什么超出古典的人（person）的概念的意义和价值了，就变成一个冗余概念。古典的人是属于城邦、国家、社会或共同体的人，是被关系所定义所限定的人。主体性之所以成为人的现代概念，就在于把人的概念从任何关系中解放出来变成绝对的个人，成为超越了城邦、国家和社会的绝对主体，即为人的概念加上了绝对价值、绝对目的和绝对自由的附加值。如果消除这些附加值，主体性的概念就消失了。这就是关键之所在。因此，如果主体性具有绝对性，就不可避免蕴含自我主义、帝国主义甚至种族主义。即使引入了主体间性的概念来缓和紧张，也仍然未能回答列维纳斯的尖锐问题。

这里对"现代人"的质疑并不意味着支持"古典人"

的概念，而是说，人的概念是开放的，没有定论。人虽然是创造者，也只是"小写的创造者"。人的绝对价值是虚构，人不是万物的立法主体，万物也不是人的被动和沉默的对象，万物实际上比人强大得多，人与事物的关系是互动而互变的存在论关系。思想能够做主的对象不是事物，而是可能性，这正是人成为创造者的理由，人把可能性实现为现实性，把时间变成历史，把无意义的存在变成历史性的存在。在此回到了本书的起点：哲学的根本问题是关于"创制"的困惑，所以需要一种创造者的哲学，即创世存在论，在其中，存在论和创世论形成重叠视域。

{十九}

结尾是没有答案的问题

人能够创造什么？应该创造什么？这是康德之问的升级版，从认识者的问题升级到了创造者的问题，然而创造者问题却没有答案，这可能令人失望，但事实如此。人类创造的秩序怎样才是好的？人类需要创造一个什么样的世界？这个似乎简单的问题却足以问倒所有人，这说明我们确实不知道什么是好的。

人类能够思考量子力学、广义相对论、高维宇宙、哥德尔定理或费马大定理等等最复杂的高难度问题，却无法破解"什么是好的"这个最简单的问题。不合理的是，这种简单问题不需要令人生畏的数学，却存在无法逾越的智力界限。这个创造者的问题虽然简单，却始终保持初始性，在初始问题那里，只有无数可能性，却没有现成路径，甚至没有现成方法，这是创世论的基本困境。正如维特根斯坦指出的，典型的哲学问题意味着"不知道下一步怎么走"。

创造的对象是可能性,对于创造,不存在先验知识,因此创造先于真理。创造者无从知道哪一种可能性是更好的,所以,创造是一种赌博。这里有必要重温莱布尼兹的天才分析。莱布尼兹或可能是唯一从上帝的角度思考过创世论问题的哲学家,他的分析或有助于理解"什么是好的"问题。神学家没有替上帝反思过创世的思想难题,只是按照《圣经》把创世解释为理所当然的"第一故事",并没有理解为对思想形成最大挑战的"第一问题"。对于上帝,想什么与有什么是同一件事情,就是说,上帝的"思想"和"存在"是同一的。假如有一个问题值得上帝想一想,那么应该是:在无数可能世界中,哪一个可以被认定为"最好的可能世界"?我相信莱布尼兹猜中了上帝的唯一问题。假设上帝全知全能,那么对于上帝不存在任何知识论问题,但居然遗留了一个形而上学问题:既然要在无穷多个可能世界里选出"最好的可能世界",就需要定义什么是好的。这个问题没有必然或现成答案,于是值得上帝来思考。虽然上帝有价值全权,可以独断规定什么是好的,但主观独断并没有真的解决问题,还需要让自己信服的客观理由。上帝无须说服别人,也没有别人需要说服,但需要说服自己。这个隐喻的微缩版本就是人,人也同样需要有智力水平的理由来使自己相信自己的主观判断。

莱布尼兹替上帝发现了两个在存在论上的最优标准:(1)最大丰富度的可能世界;(2)最大和谐度的可

能世界。这两个变量同时得到满足就形成一个共可能的（compossible）由最大丰富事物（richest collection）构成的可能世界。莱布尼兹相信，上帝一定会以这个标准来创造世界，因为不可能想出更好的可能世界了。这个标准在数学上、逻辑上、政治上、伦理上甚至美学上都几乎完美，无疑是足够好的，却不知道是否就是绝对好或唯一好的，毕竟莱布尼兹没有遍历无穷多可能世界的能力。莱布尼兹想象的多样和谐原则无疑在存在论上有着明显的优势。最丰富的世界意味着拥有时空的无限性，无限总是胜过有限，至少对于智慧心灵（无论上帝还是人）来说，丰富而和谐的世界肯定好过贫乏而冲突的世界。丰富性和一致性是难以拒绝的诱惑——尽管还是无法证明这就是绝对最好的。莱布尼兹对上帝之心的猜想已经逼近了智慧的极限。

　　莱布尼兹原则对于理解人类的创造有着重要的参照意义，尽管条件大不相同。上帝的神奇能力相当于把无穷时间加以空间化，于是所有可能世界显现在同一时间里，因此得以尽览所有可能世界。人类没有此种神奇能力，只能在时间中一步一步地做事和思考，无法提前知道或征用未来。与上帝把时间空间化的方法相反，人类的办法是把空间时间化，让时间慢慢地测试自己创造的秩序是否合理，这个办法很笨，但这是人类唯一的办法，所以人类从来都相信时间检验一切，历史能够证明价值，所以人类的存在永远是历史性的，也永远是未来性的，永远不知道终极真理或最后答案,而且很可能根本不存在终极真理或最后答案。

作为人类存在的两个基本动词,我思(cogito)永远在寻求答案,而我作(facio)永远在制造问题。凡是有答案的都是名词问题,名词属于知识论。存在论的问题不在名词里而在动词里,动词承载着人类存在的未来和命运,这是最为沉重的存在论责任,这意味着,人类创造的秩序和事物不仅要考虑当下存在,而且要考虑继续存在乃至永在。人类创造的事物、秩序和观念是否是好的,这个问题需要答案,却没有答案,这是存在论的迷茫(aporia),也是创作(facio)的迷茫。人类对创世论问题只能给出无穷迭代的历史证明,尽管在人类的任何一种可能生活里,有一些问题、观念、秩序和结构始终递归地存在着——递归性证明了那些事情的重要性,如果不够重要,就不会永远递归地在场——但仍然无法证明什么是最好的可能生活。什么是好的,如此简单的问题却触及人类最深刻的形而上迷茫。